AF450315

Crisis y regímenes de crecimiento:

una introducción a la teoría de la regulación

*Este libro ha sido publicado con la colaboración del
Ministerio francés de la Cultura - Centro Nacional del Libro*

*Cet ouvrage a été publié avec le concours du Ministère français
de la Culture-Centre National du Livre*

Título original: *La théorie de la régulation I. Les fondamentaux*

La edición original fue realizada por Editions La Decouverte
en París en el año 2004.

© 2004-Editions La Découverte
© 2007-Miño y Dávila srl
© 2007-CEIL-PIETTE CONICET
© 2007-Pedro Miño

Edición actual:
1ª edición en castellano, JUNIO de 2007

ISBN 978-84-96571-46-4

Diseño de colección y portada:
Gerardo Miño

Composición y armado:
Eduardo Rosende

Traducción:
Irene Brousse

Producción editorial:
Irene Brousse, Héctor Cordone, Graciela Torrecillas

colección **/** **Nuevas teorías económicas**

dirigida por Julio C. Neffa y Héctor Cordone

ROBERT BOYER

Crisis y regímenes de crecimiento:

una introducción a la teoría de la regulación

A la memoria de Jean-Paul Piriou, que preguntó tantas veces por este manuscrito sin tener el placer de verlo terminado y finalmente publicado.

Mis agradecimientos van a Pascal Combemale que supo estimularme para volver a poner sobre la mesa este trabajo diferido por demasiado tiempo, el que tampoco habría podido ver la luz sin la ayuda, la perseverancia y el talento de Jacqueline Jean, en circunstancias sin embargo difíciles.

Índice

Introducción

La mayoría de las teorías económicas contemporáneas se concentran en los problemas de una economía de mercado. O bien se alaban sus irreemplazables virtudes, como hace la Escuela de Chicago a instancias de Milton Friedman, o bien se propone corregir sus fallas según los preceptos de un neokeynesianismo del que Joseph Stiglitz sería un eminente representante. Para estos dos programas de investigación, el mercado es la forma canónica de coordinación económica entre agentes supuestamente iguales. Ciertamente, como en la tradición keynesiana, el Estado puede corregir los límites del mercado, pero su intervención no es más que un mal menor respecto del ideal de un mercado de competencia perfecta.

Referirse al capitalismo implica distinguir este modo de producción del de una economía de pequeña producción mercantil, para retomar los términos de Karl Marx. El hecho de que sujetos mercantiles compitan no basta para caracterizar al capitalismo. En efecto, las entidades de base son empresas, es decir entidades que aplican una relación social muy diferente, la relación de producción en virtud de la cual los asalariados se someten a la autoridad del empresario y/o los managers a los que se les delega la administración, a cambio del pago de un salario. Esta segunda relación social no se reduce a una pura relación mercantil, ya que implica la sumisión jerárquica por oposición a la horizontalidad que se le presta al funcionamiento de un mercado típico.

Este rasgo es reconocido por las nuevas teorías microeconómicas, que subrayan las asimetrías de información, la selección adversa y el riesgo moral que caracterizan al contrato de trabajo. Pero este ámbito de análisis no vuelve sobre la caracterización de las evoluciones macroeconómicas a mediano-largo plazo. Ahora bien, el interés de la noción de capitalismo es destacar cómo la interacción de la relación de competencia y la relación de producción asalariada pone en movimiento un cambio de perspectivas respecto de una economía sólo mercantil. En efecto, el objetivo de la pequeña producción mercantil es la satisfacción de las necesidades mediante la producción de mercancías y su circulación gracias a la intermediación de la moneda. En el capitalismo prevalece la ley de la acumulación de capital; la producción de mercancías es sólo la fase transitoria de un circuito del capital, como "valor que se pone en valor", para retomar la expresión de Marx.

Una filiación marxista

La teoría de la regulación se inscribe en esta tradición teórica, pero pretende corregir y prolongar los análisis de *El Capital*, tanto a la luz de los métodos modernos del economista como gracias a las enseñanzas surgidas de las transformaciones del capitalismo desde fines del siglo XIX.

En efecto, la ley de la caída tendencial de la ganancia –ciertamente contrarrestada por muchas contratendencias– no resulta lógicamente de las hipótesis de Marx. La noción de régimen de acumulación y las diversas formalizaciones que se hicieron, desembocan en una diversidad de perfiles de evolución compatibles con los estímulos y restricciones que vehicula el capitalismo.

Una segunda fuente de inspiración no es otra más que la frecuentación de la historia larga del capitalismo. Por una parte, muestra evidentemente transformaciones fundamentales en las relaciones entre el comerciante, el productor, el banquero, el financista, sin olvidar al Estado. Es difícil imaginar una teorización que haga abstracción de semejantes transformaciones. Por otra parte, el siglo XX aportó muchas enseñanzas e interrogantes. ¿Cómo explicar el carácter atípico de la crisis de 1929? Por el contrario, ¿es posible dar cuenta del notable cre-cimiento observado después de la segunda guerra mundial? ¿Por qué este proceso virtuoso se frena y entra en crisis desde fines de los años 1960? Además, la gran diversidad de trayectorias seguidas desde entonces por Estados Unidos, Europa, Japón, y más recientemente China, conduce a desplazar el análisis de un modo de producción invariante a la tentativa de interpretación de la variedad de formas contemporáneas del capitalismo.

Las siete cuestiones de la teoría de la regulación

Así, con respecto a la cuestión inicial, la de los orígenes del freno del crecimiento de los "treinta años gloriosos", la teoría de la regulación progresivamente extendió su ámbito de análisis bajo una doble influencia. Por una parte, el desarrollo mismo de las nociones de base y de los métodos hace surgir nuevas cuestiones y dificultades. ¿Se puede, por ejemplo, formalizar simultáneamente un régimen de crecimiento y su desestabilización? O bien, ¿cuáles son los instrumentos que permiten delimitar los factores que explican la emergencia de nuevas formas de capitalismo? Por otra parte, la historia económica y financiera del último cuarto de siglo no dejó de aportar su lote de sorpresas.

Así, el derrumbe de las economías de tipo soviético, luego el recrudecimiento de las crisis financieras hicieron resurgir una pregunta que parecía resuelta: "¿qué es el capitalismo?". Muchos actores se interrogaron sobre el tema de los méritos y debilidades del capitalismo, desde financistas internacionales (Soros, 1998), grandes empresarios franceses (Bébéar, 2003), a especialistas financieros (Rajan, Zingales, 2003). Algunos economistas, como Joseph Stiglitz, tienen una mirada crítica sobre el impacto de la globalización, y este último se preguntó sobre la convergencia de los capitalismos (Stiglitz, 2002, 2003). Todos interrogantes que se juntan con algunas de las cuestiones centrales de la teoría de la regulación.

1. ¿Cuáles son las instituciones de base, necesarias y suficientes para el establecimiento de una economía capitalista?

2. ¿En qué condiciones una configuración de estas instituciones engendra un proceso de ajuste económico dotado de
cierta estabilidad dinámica?

3. ¿Cómo explicar que se renueven periódicamente crisis en el
seno mismo de regímenes de crecimiento que anteriormente
habían tenido éxito?

4. ¿Bajo el impacto de qué fuerzas las instituciones del capitalismo se transforman: por selección, por eficacia, como
lo suponen la mayoría de las teorías económicas, o debido
al papel determinante de lo político?

5. ¿Por qué las crisis del capitalismo se suceden y no son sin
embargo la repetición idéntica de los mismos encadenamientos?

6. ¿Se dispone de instrumentos que permitan examinar la
viabilidad y la verosimilitud de diferentes formas de capitalismo?

7. ¿Se pueden analizar simultáneamente un modo de regulación y sus formas de crisis?

Una presentación sintética

Tales son los temas que se abordan en los diferentes capítulos de este libro, que presenta en primer lugar dos derivaciones
distintas de las formas institucionales en la base de los modos
de regulación. La primera se inscribe en la línea directa de
la tradición que parte de la economía política clásica para
culminar con las teorías del equilibrio general. Su propósito
es explicitar las instituciones ocultas de una economía de mercado (capítulo 1). La segunda derivación parte de una evaluación crítica de la herencia marxista en materia de esquema de
reproducción. Es entonces posible definir un modo de regulación como resultado de la conjunción de cierto número de
formas institucionales. Es la ocasión de insistir sobre el carácter abierto de la existencia o no de un modo de regulación, lo
cual introduce la noción de crisis como complementaria a la de
regulación. Además, el análisis histórico destaca la sucesión
de modos de regulación contrastados (capítulo 2).

    Robert Boyer / Crisis y regímenes de crecimiento

Recuadro 1. Lo que la teoría de la regulación no es.
A propósito de algunos malentendidos

Una advertencia originaria se impone para evitar un *malentendido* que se ha vuelto cada vez más frecuente a medida que los economistas adoptan sin precaución las terminologías anglosajonas. En efecto, en la literatura internacional, la teoría de la regulación evoca actualmente las modalidades según las cuales el Estado debería delegar la gestión de los servicios públicos y colectivos a empresas privadas con la condición de instituir agencias administrativas independientes, calificadas de *agencias de regulación*. De hecho, estas agencias se multiplicaron, ya se trate del *Conseil national de l'audiovisuel* (Consejo nacional de lo audiovisual), de las autoridades de regulación de las telecomunicaciones o incluso de la autoridad de los mercados financieros.

El contrasentido llega al colmo cuando se confunde así un análisis del capitalismo centrado en la cuestión: "¿cómo compromisos institucionalizados, *a priori* independientes unos de otros terminan por definir un sistema viable?", con una recomendación normativa de delegación de una prerrogativa de poder público a través de la edición de reglamentaciones o la negociación de contratos. Este es el origen de la confusión ya que, en la lengua inglesa, "*regulation*" no es otra cosa que *reglamentación*.

Este error se inscribe en un largo linaje. En Francia, la regulación fue con demasiada frecuencia interpretada como el resultado de la acción del Estado, concebido como diseñador y organizador, en resumen, el ingeniero del sistema. Ahora bien, los trabajos regulacionistas mostraron que, incluso en los "treinta años gloriosos", las políticas económicas de inspiración keynesiana no eran más que uno de los componentes de los modos de regulación vigentes. Simétricamente, las políticas llamadas de desregulación –de hecho, en francés, de desreglamentación– fueron interpretadas como favorables al regreso a los mercados de competencia perfecta.

Hay una última confusión que conviene disipar. El modelo de crecimiento de la posguerra estaba centrado en gran medida en compromisos propios de cada Estado-nación, en un contexto internacional permisivo. Es la razón por la que muchas investigaciones se concentraron en el espacio nacional. Cuando la internacionalización y la financiarización hicieron notar su influencia, la teoría de la regulación no perdió por eso su pertinencia. En efecto, deja abierta la opción sobre el nivel pertinente de análisis: local, regional, nacional, mundial. La construcción europea constituye a este respecto un notable campo de desarrollo de la teoría.

Pero las formas institucionales no condicionan sólo los ajustes de corto o mediano plazo, ya que moldean también las condiciones de la acumulación y, en consecuencia, los regímenes de crecimiento a largo plazo. De hecho, las instituciones no constituyen simples fricciones respecto de un equilibrio de largo plazo determinado únicamente por las preferencias de los consumidores, confrontados con las potencialidades ofrecidas por las tecnologías. Nuevamente, el análisis histórico de largo plazo destaca la variedad de regímenes de acumulación (capítulo 3).

Mientras que la mayoría de las teorías económicas otorgan poco o nada de lugar a la noción de crisis, la particularidad de la teoría de la regulación es examinar simultáneamente las propiedades de un modo de regulación y los factores endógenos de su desestabilización. Además, las crisis revisten por lo menos cinco formas que es importante distinguir. Sin embargo, es posible explicitar una pequeña cantidad de mecanismos que están en el origen de las crisis de un modo de regulación o de un régimen de acumulación. Es la oportunidad de examinar la viabilidad de ciertos regímenes contemporáneos emergentes (capítulo 4).

En primer lugar, como las grandes crisis manifiestan una ruptura de los determinantes económicos anteriores, otros determinantes, en particular políticos, aparecen como esenciales para que se desprendan los compromisos institucionales a partir de los cuales puede construirse eventualmente un nuevo modo de regulación. Otros instrumentos analíticos completamente diferentes deben movilizarse para delimitar los factores que condicionan la emergencia de nuevos modos de regulación. En segundo lugar, la internacionalización, a menudo calificada de globalización, no implica una convergencia hacia una forma canónica de capitalismo, aquella dominada por los mercados. Implica también mencionar la cuestión de los niveles de regulación, que se escalonan de lo local a lo mundial pasando por las zonas de integración regional.

Todas cuestiones que serán objeto del segundo tomo de la presente obra.

1 /

En la base de una economía capitalista: las formas institucionales

Corresponde a un buen método interrogarse primero sobre las instituciones básicas de una economía capitalista. Ahora bien, las numerosas investigaciones institucionalistas contemporáneas propusieron una gran variedad de estas instituciones: normas, valores, convenciones, reglas de derecho, organizaciones, redes, Estado, etc. Todas nociones que se acumulan sin que se perciban los rasgos comunes, salvo que constituyen mecanismos de coordinación alternativos al mercado. ¿Es posible encontrar bases más sólidas para una economía institucional?

Es el caso si se intenta responder una pregunta fundamental en el origen de la economía como de la mayoría de las ciencias sociales: ¿por qué la competencia entre individuos autónomos, preocupados sólo por su interés, no lleva al caos? Es a esta misma pregunta que la teoría del equilibrio general intentó responder. La viabilidad de una economía de mercado no depende solamente de condiciones analíticas bien particulares (ausencia de externalidad, de bienes públicos, separabilidad de la eficacia económica respecto de los juicios en términos de equidad, etc.), sino de la existencia de instituciones ocultas referidas al régimen monetario, la calidad de los bienes, la organización de la competencia. Si se reintroducen progresivamente estos componentes, es llamativo encontrar la mayoría de las formas institucionales que están en el corazón de la teoría de la regulación.

Un retorno a la economía política

La economía emerge como disciplina al término de un proceso multisecular en el que la actividad económica se autonomiza progresivamente de lo político y de las relaciones sociales heredadas de la tradición feudal. Emerge entonces la figura de agentes individualistas que persiguen su interés, lo que no deja de suscitar un nuevo interrogante que está en el corazón de la modernidad y funda, en cierto sentido, las ciencias sociales: ¿no hay que temer que la competencia y los conflictos asociados con la prosecución del único interés individual desemboquen en el desorden, el caos, la anarquía?

Tanto la filosofía política como la economía política se construyen sobre la tentativa de aportar una respuesta a una pregunta que sigue existiendo, implícita o explícita, para la mayoría de las investigaciones contemporáneas (cf. gráfico 1).

GRÁFICO 1. El devenir de la cuestión central de la economía política

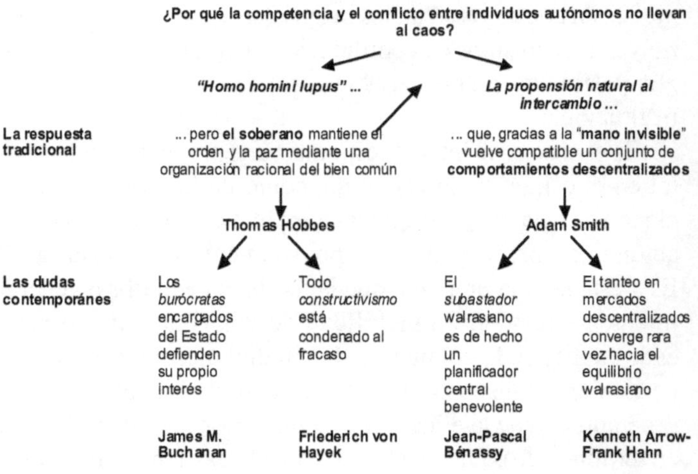

Ahora bien, desde el comienzo, los pensadores dan dos respuestas fuertemente contrastadas.

De Thomas Hobbes a Adam Smith

Para Thomas Hobbes, la *violencia de todos contra todos* es la consecuencia directa de la competencia entre individuos. Sólo la delegación de la autoridad a un soberano permite pacificar tal sociedad. Así, el surgimiento de un *Estado* que garantiza el orden sería la primera de las condiciones de una sociedad y, por vía de consecuencia, de una economía compuesta de individuos libres para perseguir sus intereses.

La respuesta de Adam Smith es muy diferente, ya que invoca una *propensión natural* del hombre a intercambiar y hacer trueque. En cuanto se profundiza la división del trabajo, y en la medida en que esté garantizado un orden monetario, el *mercado* tiene como propiedad permitir el enriquecimiento de una nación, mientras todos siguen persiguiendo su propio interés.

Así, desde el comienzo, la economía política pone en competencia dos interpretaciones opuestas: corresponde o bien al Estado, o bien al mercado asegurar la coordinación de la competencia a la que se entregan los individuos. Este debate adquiere toda su agudeza cuando al capitalismo comercial le suceden el capitalismo industrial y, más tarde, un capitalismo llamado financiero, para seguir la periodización marxista tradicional. En nuestros días, la polarización de las posiciones permanece, pero el avance de las ciencias sociales lleva a poner en cuestión las soluciones simples atribuidas tanto a Thomas Hobbes como a Adam Smith. Más aún en la medida en que el individuo smithiano no es únicamente un *homo oeconomicus,* aunque sólo fuera porque es portador de principios morales.

El principio del individualismo
contra el optimismo del mercado

Las *teorías de la opción pública* aplican los principios del individualismo metodológico (cf. recuadro 2) a la esfera política, y concluyen con James Buchanan que los políticos y los administradores de los que se provee el Estado son estimulados a perseguir su propio interés en detrimento de los objetivos colectivos que deberían cumplir. Con la moda de los análisis

que asocian intervención del Estado, corrupción e ineficiencia económica, estas teorías no dejaron de tener influencia en las concepciones contemporáneas del capitalismo.

El *desarrollo de las teorías del equilibrio general* lleva a una desmentida de la intuición en la base de la mano invisible como metáfora de una serie de mercados descentralizados. En efecto, la matematización de las intuiciones de Walras permite inferir las condiciones bajo las cuales un equilibrio de mercado existe y puede alcanzarse gracias a un proceso de tanteo. Ahora bien, el fracaso es doble.

Por un lado, cuando, más allá del rigor de las formalizaciones de los teoremas de punto fijo, se revelan las hipótesis de base, surge que un sistema de precios que descentraliza una serie de comportamientos individuales, existe sólo en la medida en que toda información sea centralizada por un agente benevolente y que las transacciones entre agentes estén íntegramente realizadas por su intermedio. En resumen, la teoría del equilibrio general formaliza un sistema centralizado. Paradójicamente, los trabajos de Kenneth Arrow, Frank Hahn y Gérard Debreu muestran de hecho la posibilidad de una economía socialista de mercado en la que la producción estaría coordinada por el sistema de precios.

Por otro lado, incluso en este marco extremadamente particular, una economía no convergerá hacia un equilibrio de mercado más que en la medida en que todos los productos sean llanamente sustitutos y/o que los mercados sean poco interdependientes. Condiciones cuya satisfacción no está garantizada en las economías realmente existentes.

De estos dos siglos de reflexiones sobre las sociedades individualistas –y las economías de mercado– emerge una violenta paradoja. La aplicación del principio de individualismo metodológico no logra explicar la viabilidad y la resiliencia sin embargo observadas en la historia –en efecto relativamente corta– de sociedades dominadas por el capitalismo. Pero este fracaso revela por contraste la importancia y variedad de las instituciones que, desde un punto de vista lógico, son necesarias para la existencia de una economía de mercado, *a fortiori* capitalista. La historia económica confirma la importancia de estas instituciones.

Las instituciones ocultas
de una economía de mercado

En cuanto ningún *secretario de mercado* desempeña el papel que le atribuyen los teóricos, sucesores de Walras, ¿cuáles son las instancias susceptibles de asegurar una completa descentralización de los intercambios?

El régimen monetario, primera institución de base

Es claramente la *moneda* la institución de base de una economía de mercado (cf. gráfico 2). Más precisamente, en las economías contemporáneas, los bancos, organizados en redes, otorgan créditos a las empresas y los consumidores; esta moneda permite las transacciones que autorizan a cambio el reembolso progresivo del préstamo en el curso de los períodos ulteriores. Sin embargo, en cada período, las cuentas entre agentes y su totalización parcial por medio de los diversos bancos no están equilibradas, de manera que para ajustar los déficits y los excedentes de éstos, es posible crear un mercado de refinanciamiento interbancario. Es eficaz en la medida en que ningún shock global golpee simultáneamente los bancos, secando la liquidez del mercado.

GRÁFICO 2. Del subastador (S) a la descentralización de los intercambios por la moneda

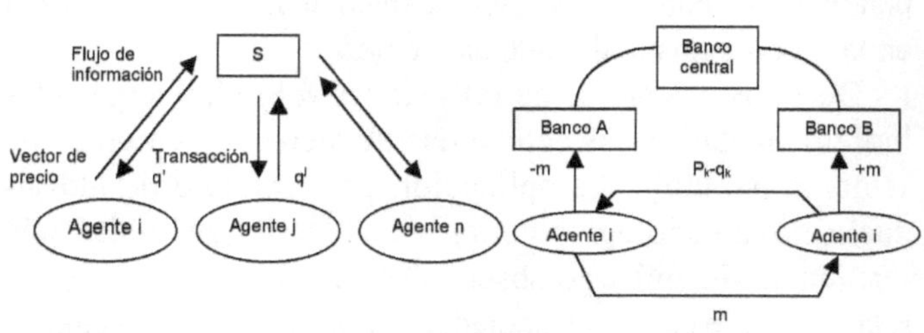

Sin más subastador ⟶ un método de compensación de crédito ... de ahí un régimen monetario
Neutralidad de la moneda- ⟶ el comportamiento individual está condicionado por el régimen monetario
q^i – volumen de bienes intercambiados por el agente i
P_k – precio del bien k
m- valor de la transacción monetaria

Se puede pensar entonces en crear un seguro privado, precisamente para proporcionarles a los bancos en dificultades la liquidez necesaria. Si bien este mecanismo puede resultar eficaz para bloquear un pánico bancario aislado, no está a la altura de frenar la emergencia de una crisis sistémica ligada a la sincronización de los malos resultados de los bancos. En este contexto, el principio de un banco central que desempeñe el papel de prestamista de última instancia terminó por imponerse en la historia. Más todavía en la medida en que una parte de la emisión monetaria corresponde tradicionalmente a operaciones de refinanciamiento que implican obligaciones públicas.

El análisis de las condiciones de una estabilidad financiera, así como la historia monetaria, abogan por una organización jerarquizada en la que los bancos emiten monedas de crédito mientras que un *banco central* está encargado de la emisión de la *moneda legal*. En este sistema, el banquero central es finalmente el equivalente del secretario del mercado, porque totaliza los desequilibrios que emergen en el nivel de la economía entera.

Convendrá llamar *régimen monetario* al conjunto de reglas que presiden la gestión del sistema de pagos y créditos. El uso del término "régimen" supone que existen varias expresiones de la restricción monetaria y de la resolución de los desequilibrios del circuito de pagos: bancarrota de los bancos en déficit, creación de una cámara de compensación entre los bancos comerciales, o incluso política de compra de títulos públicos por el banco central para alimentar la liquidez bancaria.

Así, los sujetos mercantiles no pueden operar sino una vez creada y legitimada la institución monetaria, de manera opuesta a la ficción que plantea que esta última emerge de las dificultades que los primeros tienen para intercambiar por medio de operaciones de trueque (Aglietta y Orléan, 1998). La moneda aparece así, en el orden económico, como el equivalente del lenguaje. Pero no basta que se cree la moneda como institución para que el interés bien entendido de los individuos los conduzca a recurrir al mercado tal como lo formalizan la teoría walrasiana y después los análisis neoclásicos.

El mercado es una construcción social

En efecto, la moneda permite la descentralización de los intercambios, de tal manera que la transacción elemental se refiere al movimiento de una mercancía a cambio de moneda, lo que elimina el problema de la doble coincidencia de necesidades que supone el trueque. Si *a priori* los intercambios se refieren a una gran variedad de productos y calidades, en un período dado y en un lugar bien preciso, la conjunción de estos intercambios bilaterales no está gobernada en absoluto por el surgimiento de un precio único. En efecto, es necesario además que no haya ninguna ambigüedad sobre la calidad, que los intercambios estén centralizados y que todos los mercados a mediano plazo estén abiertos.

Tanto la historia de la formación de los mercados (Braudel, 1979) como la microeconomía moderna basada en las asimetrías de información (Stiglitz, 1987) muestran las condiciones bajo las que se alcanza un precio único en un mercado.

Una condición previa: la definición de la calidad.- Es claro que los oferentes tienen generalmente una *mejor información* sobre la calidad de sus productos que los compradores potenciales. En algunos casos –el mercado de autos usados, por ejemplo– es posible que una apreciación imperfecta (porque es estadística) de la calidad impida la apertura misma del mercado: los oferentes no presentarán a la venta más que los productos de calidad inferior, que no encuentran comprador (Akerlof, 1984). En lo que concierne al trabajo, las *representaciones* que se forman las empresas de las competencias pueden introducir una discriminación duradera entre individuos dotados *ex ante*, sin embargo, de las mismas características (Spence, 1973).

En consecuencia, *la definición previa de la calidad* es una condición necesaria para la formación de un precio en un mercado. Si ese no es el caso, a precio indiscriminado, las malas mercancías echarán a las buenas, según el equivalente de la ley de Gresham para las monedas. Muchos dispositivos institucionales pueden cumplir esta función. En la Edad Media, por ejemplo, los artesanos se agrupaban en guildas para garantizar la calidad de los productos que ofrecían y evitar el derrumbe del mercado bajo el efecto de un deterioro de la calidad. En el mundo contemporáneo agencias independientes pueden otorgar certificaciones de calidad o incluso algunas firmas forjarse una reputación mediante la provisión regular de bienes de calidad elevada y mantenida en el tiempo. En el caso del mercado de los autos usados o los bienes duraderos, el otorgamiento de una garantía por un período más o menos largo aparece como un indicador de la calidad del bien. Todas definiciones diferentes de la calidad que resultan de convenciones (Eymard-Duvernay, 1989). Por el contrario, en los países en los que estas normas de calidad no pueden aplicarse, los mercados pueden no existir, o tener un tamaño mucho más reducido, a tal punto que esta laguna institucional se plantea como uno de los obstáculos para el desarrollo (Akerloff, 1984).

Especificar las interacciones estratégicas entre los actores.- Una segunda condición concierne a la agregación de las ofertas y las demandas, de tal manera que se limite el impacto del poder de negociación bilateral entre cada par de oferente y de demandante. Nuevamente, varios dispositivos institucionales son posibles. En la Edad Media se realizaban ferias periódicamente *en lugares precisos*, y el equivalente de las autoridades contemporáneas de regulación de los mercados se aseguraba de que todas las transacciones se realizaran a la vista del público, para evitar que tal oferente o demandante utilizara su poder de negociación y su información en beneficio propio. Para algunos productos agrícolas, mercados de subastas regresivas por ejemplo, operan desde una centralización anónima de las ofertas y las demandas, por intermedio de un sistema informático que aísla a los oferentes de los demandantes (García, 1986). Los bonos del Tesoro estadounidense son objeto de una cotización electrónica que permite confrontar en permanencia una oferta a una suma de demandas. La informatización de los mercados bursátiles y las transacciones por internet de las órdenes de compra y venta ilustran esta necesidad de centralización para que prevalezca el equivalente de la ley del precio único. La existencia de tenedores de mercado que garanticen la liquidez es igualmente importante. Finalmente, si las modalidades de interacción entre oferentes y demandantes se alteran, el precio del mercado cambia en proporciones a veces considerables (García, 1986).

Es por esto que el mercado es una institución que supone acuerdo sobre la calidad, la organización de los intercambios, las condiciones de acceso al mercado y el modo de pago de las transacciones. Es entonces una construcción social y no el resultado de un estado de naturaleza, espontáneamente engendrado por el habitus que los teóricos prestan al *homo oeconomicus*.

La diversidad de formas de competencia

Esta presentación del mercado lleva a dudar de la posibilidad de considerar a la competencia perfecta en toda generalidad como patrón y punto de referencia. En efecto, en esta configuración, aunque todos participen en la formación del precio, el precio de equilibrio se impone a todos (Guerrien, 1996). Esto es suponer que para el mercado considerado –pero ya no en el nivel de toda la economía– existe un subastador bajo la conducción del cual se intercambian informaciones que llevan al precio de equilibrio. Sólo entonces intervienen las transacciones entre los agentes, coordinadas por el subastador. Si se excluye el procedimiento de subasta, que finalmente reviste varias formas, la mayoría de las transacciones no obedecen a este modelo.

De hecho, corresponde a los agentes fijar los precios, para que no se instaure un proceso de tanteo, ya que *a priori* nadie conoce el precio de equilibrio que podría calcular *ex post* un teórico externo, si extraordinariamente dispusiera del total de información pertinente. Así es como se introducen comportamientos estratégicos, tanto más en la medida en que la cantidad de agentes en el mercado es limitada. Se puede imaginar, por ejemplo, que los demandantes agrupan sus compras frente a una serie de oferentes cuyos comportamientos son independientes o, de manera opuesta, que los productores se entienden sobre la fijación del precio. Pero existe una serie de configuraciones intermedias, cuando por ejemplo uno de los oferentes tiene la capacidad de fijar su precio al que se adaptan los competidores. La economía industrial, así como la actualidad económica cotidiana, sugiere entonces que la competencia llamada imperfecta es la regla, y la competencia perfecta la excepción.

Llamaremos *forma de competencia* al proceso de formación de precios que corresponde a una configuración tipo de las relaciones entre los participantes del mercado. En efecto, las formas son aún más variadas que las que acaban de mencionarse cuando se distingue la competencia por precio en la producción de bienes estandarizados con respecto a una estrategia de diferenciación por la calidad. O incluso, según que las barreras a la entrada sean elevadas o débiles. Por su parte, la teoría de la regulación puso en evidencia por lo menos tres grandes regímenes de competencia.

Un *régimen competitivo* prevaleció por mucho tiempo a lo largo del siglo XIX. Es diferente de la competencia perfecta por que es un proceso permanente de ajustes que nunca converge hacia un precio de equilibrio de largo período.

Un *régimen monopolista* le sucede luego de la segunda guerra mundial, por lo menos para los bienes industriales, en cuanto se afirma la concentración de la producción y del capital, lo que permite un mecanismo diferente de formación de precios. Se establecen entonces aplicando al costo unitario de producción una tasa de margen, a su vez calculada para asegurar una rentabilidad promedio del capital sobre el total de un ciclo. Como el precio ya no es la variable de ajuste, intervienen mecanismos de racionamiento de la demanda por la oferta, e inversamente. La teoría del desequilibrio (recuadro 3) sacó las consecuencias macroeconómicas del hecho de que los precios podían apartarse duraderamente de los precios walrasianos, haciendo aparecer, según los casos, un desempleo clásico (el salario real se fija demasiado elevado) o un desempleo keynesiano si la demanda efectiva es insuficiente. O incluso un estado de inflación reprimida cuando prevalece un exceso de demanda de bien y de trabajo (Bénassy, 1984).

Una tercera configuración es la de un régimen de *competencia administrada*. Fue por ejemplo el caso al salir de la segunda guerra mundial, cuando la amplitud de la escasez y un casi pleno empleo introdujeron tensiones inflacionistas a través de las interacciones precio/salario/precio. En este contexto, era frecuente que el Estado, en este caso el ministerio de Economía, aplicara un procedimiento de formación de precios que limitara la amplitud de los márgenes y la frecuencia de los reajustes de precios.

Así surge la intuición –confirmada por estudios históricos sobre el largo plazo realizados para Estados Unidos (Aglietta,

RECUADRO 3.   Aportes y límites de la teoría del desequilibrio

A comienzos de los años 1970 prevalecía una dicotomía completa entre la teoría microeconómica interesada únicamente en la señal de los precios relativos, y la teoría macroeconómica keynesiana basada en el papel de la demanda efectiva. El interés de la teoría del desequilibrio (Bénassy, 1984) es el de introducir modelos de equilibrio general a precios fijos, que hacen aparecer la posibilidad de una variedad de regímenes, en cuanto la economía se aleja del esquema walrasiano. El desempleo keynesiano se explica entonces como la consecuencia de un racionamiento, resultado de una restricción cuantitativa (malventa para las empresas, desempleo para los trabajadores) debido a un salario real inferior a la productividad y a una política monetaria y presupuestaria restrictiva. Presentada como fundamento microeconómico de la macroeconomía, la teoría del desequilibrio fue criticada por postular una rigidez de los precios. Esta hipótesis era tanto más problemática en una época de desreglamentación y de retorno con fuerza de una macroeconomía clásica (Lucas, 1984). Ahora bien, esta rigidez puede corresponder, ciertamente, a la existencia de un control administrativo de los precios, pero también a una competencia oligopólica: en cada período las firmas deben anunciar un precio teniendo en cuenta la anticipación de una demanda, incierta por naturaleza. En competencia imperfecta, pueden encontrarse entonces efectos aparentemente keynesianos, aunque John Maynard Keynes nunca invocó la competencia imperfecta como origen del desempleo involuntario.

En el marco de la teoría de la regulación, salario, precio y tasa de interés resultan de la configuración respectiva de la relación salarial, las formas de la competencia y el régimen monetario. Si se toma en cuenta el impacto de estas reglas, se puede imaginar por qué los precios convergen rara vez hacia el valor que les atribuiría el teórico en un modelo de equilibrio general. Es una lástima que una hibridación entre la teoría del desequilibrio y la regulación no se haya podido dar, a pesar de un comienzo prometedor (Bénassy, Boyer y Gelpi, 1979).

1976) y luego para Francia (Bénassy, Boyer y Gelpi, 1979)– según la cual las formas de competencia cambian a lo largo del tiempo y desempeñan un papel en la dinámica económica.

De la demanda de trabajo a la relación salarial

En las teorías del intercambio, el trabajo es tratado como una mercancía más entre otras; la confrontación de oferta y demanda determina el salario, en este caso real, ya que los bienes se intercambian por bienes sin intermediario monetario. Este tratamiento no deja de plantear un problema dentro mismo de la teoría, ya que el desempleo no puede así explicarse más que como voluntario –frente a un salario real insuficiente, los individuos arbitran a favor del ocio– o resultante de la rigidez del salario, correspondiente por ejemplo a la institución de un salario mínimo demasiado elevado en relación con lo que implicaría un equilibrio de mercado.

El trabajo no es una mercancía como las demás.- En efecto, desde el origen de la economía política, el tratamiento del trabajo se distingue del de las mercancías. En primer lugar, porque concierne a la actividad de producción y por lo tanto no puede tratárselo en una economía de intercambio puro, lo que afirman los autores clásicos desde Adam Smith y David Ricardo. Karl Marx prolonga esta tradición y funda su teoría del valor sobre la distinción entre trabajo y fuerza de trabajo: el primero es movilizado por los capitalistas en la producción, el segundo es objeto de un intercambio a su valor de reproducción. La plusvalía, fuente de la ganancia, encuentra su origen en esta distancia entre el valor de las mercancías creadas por el trabajo y el valor de la fuerza de trabajo. Luego, porque la antropología económica de Karl Polanyi (1946) sugiere que el trabajo forma parte de las tres mercancías ficticias (las otras dos son la moneda y la naturaleza) cuya producción no puede confiarse sólo a los mecanismos de mercado (recuadro 4).

Pero para los economistas, un argumento determinante fue planteado por las "nuevas teorías del mercado de trabajo", que distinguen un doble componente en la relación de trabajo.

Recuadro 4.   El trabajo de Polanyi

Una investigación de antropología económica y de puesta en perspectiva histórica del desarrollo y de la extensión de los mercados proporciona una distinción importante entre los diversos tipos de objetos susceptibles de un intercambio mercantil. Es el aporte de la obra fundamental de Karl Polanyi (1983). Por un lado, las *mercancías típicas* son aquellas cuya producción está orientada por la búsqueda de la ganancia en respuesta a las demandas de la clientela. Pertenecen a esta categoría las materias primas, los productos intermedios, los bienes de consumo y los equipos. Por otro lado, otras mercancías son ciertamente valorizadas por los mercados, pero su oferta no está condicionada por la misma lógica económica pura. Es el caso de la naturaleza, de la moneda y del trabajo. Su existencia es la condición de una economía mercantil, pero estas *mercancías ficticias* no pueden producirse según una lógica mercantil. Los episodios históricos en los que el mercado invadió la naturaleza terminaron en catástrofes ecológicas, la competencia de las monedas generalmente desembocó en crisis fundamentales. Finalmente, la mercantilización del trabajo llevó en el pasado a episodios dramáticos en términos económicos y demográficos.

Un conflicto estratégico en el núcleo del contrato de trabajo.- En un primer momento, los asalariados son contratados a cambio de un salario, es decir, una remuneración liberada del riesgo propio del empresario. Esta primera transacción interviene sobre lo que se ha convenido en llamar el "mercado de trabajo", pero la operación no se detiene en este estadio, ya que el trabajo no es una mercancía como las demás.

En efecto, en un segundo momento, los asalariados se someten a la autoridad del empresario para efectuar las tareas productivas a las que están asignados a iniciativa de este último. Esta relación de subordinación introduce un conflicto en el corazón de la producción: asalariados y empresarios tienen intereses contradictorios respecto de la intensidad y calidad del trabajo. Los primeros quieren minimizar su esfuerzo por un salario dado, los segundos maximizarlo. Este conflicto no puede solucionarse sólo con la competencia en el mercado de trabajo.

Así, la historia social muestra y la teoría confirma, que este conflicto propio del trabajo convoca una gran variedad de dispositivos jurídicos, organizacionales e institucionales que permiten superarlo, por lo menos transitoriamente. En efecto, intervienen las normas de esfuerzo (Leibenstein, 1976), dispositivos de control (las tarjetas, el cronómetro), remuneraciones incitativas (salario por pieza, participación en las ganancias, *stock-options*), y negociaciones colectivas tendientes a canalizar los conflictos del trabajo gracias a convenciones que encuadran el contenido del contrato de trabajo. Este último precisa entonces las condiciones de contratación, el salario inicial, los procedimientos que regulan la promoción, la duración del trabajo, las ventajas sociales, las condiciones de expresión de los asalariados en las escalas individual y colectiva.

Estos dispositivos de control y estímulo al trabajo dentro de la empresa se vuelven tan determinantes en las economías contemporáneas que el componente mercantil del trabajo resulta afectado. Por ejemplo, puede convenirle a la empresa fijar un salario superior al del mercado, si eso permite reducir los costos gracias a un esfuerzo más intenso de los asalariados. Así, el "mercado de trabajo" ya no se equilibra por los precios sino por un racionamiento: a veces de desempleo, a veces escasez de mano de obra, pero rara vez, cuando no nunca, formación del salario a partir de la confrontación de ofertas y demandas walrasianas (Boyer, 1999).

Los aspectos colectivos del contrato de trabajo.- Así, la especificidad misma del trabajo lleva a la noción de *relación salarial*, que describe las modalidades según las cuales *cada empresa* administra los componentes organización del trabajo, duración, salario, perspectivas de carrera, ventajas sociales y otros elementos del salario indirecto. Pero estos dispositivos se inscriben a su vez en el sistema jurídico e institucional que precisa los derechos de los asalariados, las prerrogativas de los empresarios, las modalidades de resolución de sus conflictos. Las reglas generales que rigen el trabajo asalariado definen entonces, en el plano global, la *relación salarial*. Esta es, desde un punto de vista lógico, la tercera forma institucional que, después del régimen monetario y las formas de la competencia, caracteriza una economía mercantil en la que la actividad salarial es determinante.

Del productor a la firma concebida como organización

En el marco definido por estas formas institucionales se inscribe la actividad de una de las entidades esenciales de las economías de mercado: la empresa, o incluso la firma. Esta última se analiza según una grilla que zanja la cuestión respecto del tratamiento de la teoría microeconómica estándar y de la del equilibrio general.

De un simple administrador de los factores de producción...- En efecto, para estas teorías, los productores se limitan a tomar como dado el sistema de precios relativos y a ajustar en consecuencia el nivel de producción y la demanda de factores, conociendo las técnicas de producción disponibles. En un extremo, puede plantearse que el productor podría ser reemplazado útilmente por un programa informático que resolviera la maximización obligada en el núcleo de la microeconomía estándar. De hecho, en cuanto se considera que los factores de producción son productos como los demás, se observa una dualidad entre el programa del consumidor y el del productor (Varian, 1995), lo que tiene por efecto convertir una economía de intercambio en una economía de producción (Guerrien, 1996).

...a la búsqueda de una organización compatible con las formas institucionales en vigencia.- Por contraste, un enfoque en términos de economía política de la firma (Eymard-Duvernay, 2004), debe considerar las restricciones y oportunidades asociadas con las formas institucionales en las que opera la firma.

La empresa, para decidir su estrategia, debe primero considerar el *tipo de competencia* que prevalece en los mercados en los que opera. Muy generalmente, dispone de más margen de acción cuando el sector al que pertenece está concentrado. En una proporción significativa, los servicios comerciales y de marketing apuntan a mejorar la posición competitiva de la firma, que ya no es un dato sino un resultado de la estrategia.

La empresa es también el lugar de producción y, por lo tanto, de gestión de la *relación salarial*. Ahora bien, esta última requiere de una gran variedad de dispositivos (sistema de remuneración y modo de control) que a su vez necesitan una especialización de una parte de los asalariados en la gestión de personal. Una parte significativa de las decisiones de la empresa se inscribe en reacción o en conformidad con las instituciones de conjunto que determinan la *relación salarial* vigente en la economía considerada.

Finalmente, el acceso al crédito es determinante en las decisiones de producción y de inversión de la firma. En efecto, si pretende sobrevivir y prosperar, una firma debe invertir, desarrollar nuevos productos y procedimientos. Todas operaciones que hacen intervenir el *régimen monetario*, en la medida en que interactúa por una parte con la política de oferta de crédito de los bancos, y por otra con la evolución de la valorización bursátil. Se plantea así la cuestión de las relaciones entre el régimen monetario y financiero (Aglietta y Orléan, 1998), pero sin olvidar el papel del crédito a corto plazo en la gestión del fondo de circulación y la actividad día a día.

Así surge un *análisis institucionalista de la firma* (recuadro 5). En primer lugar, su viabilidad depende de la calidad de la adecuación de su estrategia a las restricciones y estímulos transmitidos por la arquitectura institucional (Boyer y Freyssenet, 2000). Después, y sobre todo, la complejidad de las tareas de gestión que se desprenden de la inserción en este ambiente supone una especialización de las competencias, de tal manera que la firma se convierte en el lugar de la división del trabajo, bajo la dirección del empresario (Coriat y Weinstein, 1995). A este respecto, mercados y firmas participan en el principio de la división del trabajo que está en el núcleo de la dinámica de las economías capitalistas (Boyer y Schméder, 1990; Ragot, 2000).

Esta construcción presenta un último interés: mientras que con demasiada frecuencia la corriente neoinstitucionalista contemporánea (Ménard, 2000) asimila instituciones, organizaciones y convenciones, distingue claramente entre tres entidades (ver gráfico 3) y adopta una concepción orgánica de la firma (Berle y Means, 1932). Se opone entonces término a término al enfoque jurídico estándar que hace de la sociedad por acciones la propiedad de los accionistas, concepción que tuvo un rebrote de interés con la moda del valor accionario. De hecho, los mismos estatutos de la sociedad por acciones organizan una separación entre la irreversibilidad del compromiso productivo que administran los dirigentes y la liquidez de los derechos de propiedad de la que se benefician los accionistas (Blair, 2003).

Recuadro 5. Una teoría institucionalista de la firma

La referencia a un régimen de acumulación fordista (ver capítulo 2) suscitó las investigaciones de los sociólogos, historiadores y economistas especialistas de la industria automotriz. Estos trabajos realizados en el marco de la red internacional del GERPISA (www.univ-evry.fr/PagesHtml/laboratoires/gerpisa/index.html) desembocaron en una construcción teórica que da cuenta de la evolución en un siglo de este sector y de la persistente diversidad de la organización contemporánea de las firmas.

Lejos de poder resolver el programa de maximización de ganancia bajo restricciones, las firmas se limitan a implementar una *estrategia de ganancia* basada en una pequeña cantidad de palancas de acción (búsqueda de rendimientos de escala, diversificación, reactividad a la coyuntura, calidad e innovación).

Esta estrategia de ganancia debe ser compatible con el régimen de crecimiento y el modo de distribución del ingreso nacional, de tal manera que no siempre se pueden transponer las estrategias ganadoras de un espacio económico a otro.

Una segunda condición para la viabilidad de una firma no es otra que la existencia de un *compromiso de gobierno* que permita volver compatibles las exigencias potencialmente contradictorias entre una política de producto, la organización productiva y un tipo de relación salarial.

Así se observó la sucesión/coexistencia de una pequeña cantidad de configuraciones productivas: tayloriana, wollardiana, fordiana, sloaniana, toyotiana y hondiana (Boyer y Freyssenet, 2000).

La cuestión central de la teoría de la regulación

Frente a la multiplicidad de las formas institucionales en el núcleo de una economía capitalista, ¿cuáles son los mecanismos susceptibles de asegurar su coherencia y viabilidad durante un tiempo? Esta es la cuestión fundamental de la teoría de la regulación, por la que nunca está garantizado que surja el equivalente del equilibrio en la teoría neoclásica.

Dos mecanismos principales contribuyen a la viabilidad de un modo de regulación. Por un lado, se puede observar *ex post* la compatibilidad de los comportamientos económicos asociados con las diversas formas institucionales. Por otro, cuando por el contrario surgen desequilibrios y conflictos que no pueden superarse en la configuración presente, se impone una redefinición de las reglas del juego que codifican las formas institucionales. La esfera política es directamente movilizada en este proceso.

A partir de la presentación de los conceptos básicos aparecen dos especificidades de la teoría de la regulación.

Considerando la diversidad y complejidad de las instituciones del capitalismo, nada garantiza que su conjunción defina una modalidad viable de ajustes económicos. Es la razón por la que la noción de *modo de regulación* (capítulo 2) introduce simultáneamente la posibilidad de un régimen económico pero también de sus crisis, ya que son multiformes (capítulo 4). Así se levanta la restricción postulada por la casi totalidad de los modelos neoclásicos, a saber, la existencia de un equilibrio estable, incluso en el largo plazo.

No se puede concebir una *economía pura*, es decir desprovista de toda institución, de forma de derecho, o incluso de orden político. Las instituciones de base de una economía mercantil suponen actores y estrategias diferentes a las económicas. Estas intervenciones no tienen *a priori* por primer objetivo estabilizar la economía, pero es sin embargo de *la interacción entre la esfera económica y la esfera jurídica/ política* que resultan los modos de regulación. Es volver a encontrar el mensaje de la economía política, enriquecido por las enseñanzas sacadas de la observación de la historia del capitalismo.

Las relaciones Estado/economía

La ilusión de una economía pura, es decir totalmente independiente de lo jurídico y de lo político, debe entonces abandonarse. En efecto, en las teorías del equilibrio general, en el mejor de los casos el Estado puede devenir la expresión de las elecciones colectivas que apuntan a hacer prevalecer un óptimo de Pareto. Toda otra acción, por ejemplo una intervención sobre los precios, no puede más que introducir ineficacias.

Por su parte, la teoría de la regulación otorga una importancia determinante a las relaciones *Estado/economía* (gráfico 3). La presentación de las formas institucionales ya hizo aparecer algunas de esas relaciones.

GRÁFICO 3. Las interdependencias entre Estado, orden político y formas constitucionales

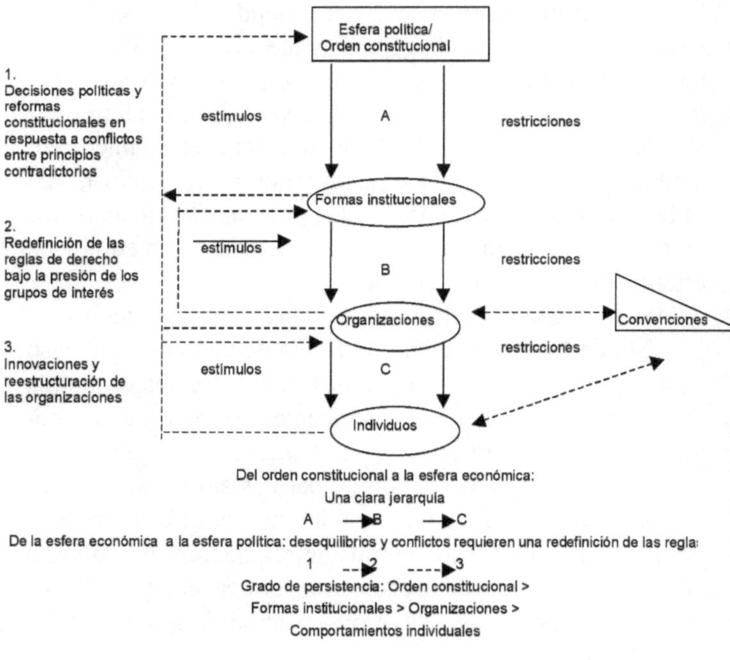

La elección de un régimen monetario es política

Si la *moneda* instituye la economía mercantil, no puede ser su consecuencia, lo que invierte la fábula neoclásica según la cual la suba de los costos de transacción vinculados con el

   Robert Boyer / CRISIS Y REGÍMENES DE CRECIMIENTO

trueque habría llevado a la invención de la moneda por parte de los mismos agentes. De hecho, la historia económica muestra que los comerciantes inventaron la moneda privada (Braudel, 1979) y los príncipes y reyes se arrogaron el derecho de acuñar la moneda de curso legal en circulación en su territorio (Le Rider, 2001), sin olvidar que muchas monedas empiezan siendo títulos de deuda pública. Otra enseñanza de la historia: ningún sistema bancario basado sobre la competencia entre diversas monedas privadas sobrevivió por mucho tiempo. La invención de los bancos centrales reconoce la necesidad de un actor que no está movido por la lógica de la ganancia comercial y que tiene como función cuidar la viabilidad del sistema de pagos, amenazado permanentemente por la crisis, incluso por el derrumbe. Aún los bancos centrales contemporáneos, supuestamente independientes, siguen viendo su estatus determinado por el poder político. Así, la elección de un régimen monetario (y de cambio en economía abierta) apela, necesariamente, a la esfera política.

No hay competencia sin intervención pública

La competencia, dejada a los comportamientos estratégicos de las empresas, tiende a desembocar en la concentración, la *entente*, el oligopolio, e incluso el monopolio, en cuanto se introducen costos fijos, rendimientos crecientes, efectos de red y de reputación. Los compradores/consumidores son entonces las víctimas de este proceso, lo que no deja de suscitar su reacción a través del proceso político y legislativo. En su casi totalidad, las economías desarrolladas fueron llevadas a instituir autoridades encargadas de cuidar las reglas de la competencia. A tal punto que se puede leer la historia de la concentración del capital y de la organización de las firmas como la consecuencia de las estrategias de las grandes empresas para adaptarse a las reglas y barreras implementadas por la legislación a su conquista de un poder excesivo en el mercado (Fligstein, 1990). Así, la *forma de competencia* opera una mediación entre esferas privada y pública.

Relación salarial y ciudadanía

Sobre la *relación salarial*, la intervención del Estado es, *a priori* y desde un estricto punto de vista lógico, menos necesaria. Ahora bien, aunque en grados diversos, la mayoría de los estados intervienen en el derecho de trabajo, llegando a asimilarlo al derecho comercial (tendencia de Estados Unidos [Buechtemann, 1993]) o, en el otro extremo, a hacer del derecho colectivo de los asalariados uno de los fundamentos de una economía social de mercado (caso de Alemania) (Labrousse y Weisz, 2001). Más aún, la experiencia histórica francesa muestra que una intervención estatal fuerte fue necesaria a comienzos del siglo XIX para liberar las fuerzas competitivas vinculadas con el trabajo (Boyer, 1978). Es también el caso para algunos países en vías de desarrollo (Chile, Argentina, Brasil) en los que gobiernos autoritarios realizaron reformas radicales del derecho laboral (Ominami, 1986; Neffa y Boyer, 2004). La intervención directa o indirecta del Estado es más evidente aun en la cobertura social: las luchas de los asalariados por el reconocimiento de los accidentes de trabajo, de sus derechos de jubilación, salud, desembocan en caso de éxito en derechos sociales que afectan tanto la naturaleza de la ciudadanía como el modo de regulación, ya sea que el Estado intervenga directamente en el financiamiento de una cobertura social de tipo *beveridgiano*, o que enmarque la negociación entre empresariado y sindicatos, como es el caso para el sistema *bismarckiano*. Así, bajo una forma u otra, la relación salarial hace intervenir la esfera política.

Un Estado sometido a lógicas contradictorias

Para la teoría de la regulación, la acción del Estado dista de ser monolítica, ya que en sus diversas ramas pueden manifestarse contradicciones y tensiones entre principios alternativos. El derecho comercial ¿debería ganarle al laboral? ¿Cómo arbitrar entre financiamiento de la cobertura social por los impuestos y financiamiento por los asalariados y los empresarios? La igualdad jurídica y política ¿se da en conjunto con un principio de democracia industrial en la empresa? Todas estas son preguntas a las que el poder político da respuestas diferentes según el contexto y las fuerzas presentes. Esta fuerte interdependencia entre las formas institucionales y el papel del Estado no es otra que la expresión de la imbricación de las esferas política y económica.

Un Estado-nación inserto en la economía internacional

Esta concepción no es válida más que dentro del espacio territorial definido por una soberanía estatal. Por contraste con las teorías de la economía pura, la teoría de la regulación es incitada a elegir el Estado-nación como punto de partida del análisis. En efecto, régimen monetario, relación salarial y, en menor grado, forma de la competencia, siguen estando determinados en gran medida en el marco del espacio nacional, incluso en una época de interdependencia creciente entre los Estados-naciones. Pero esto no significa que los Estados-naciones sean totalmente soberanos, ni por el contrario que estén desprovistos de todo poder sobre las fuerzas vehiculadas por el régimen internacional.

En consecuencia se introduce una quinta y última forma institucional: las modalidades de *inserción del Estado-nación en la economía internacional*. En efecto, para la teoría del comercio internacional neoclásica, la única opción abierta concierne a las tarifas aduaneras que introducen distorsiones respecto de un sistema de libre cambio. Por lo tanto, desde un estricto punto de vista económico, el Estado no debería intervenir, dejando jugar el mecanismo de la formación de precios en la escala internacional. En cambio, para la teoría de la regulación, el Estado-nación puede controlar los diversos componentes de las tarifas aduaneras, definir las modalidades de recepción de la inversión directa, fijar reglas en materia de inversión de portfolio o incluso controlar la inmigración. Nuevamente, se introducen numerosas instituciones para administrar las relaciones con el resto del mundo (Mistral, 1986). Estas instituciones son transformadas y redefinidas, pero no destruidas, por el proceso contemporáneo de internacionalización (Boyer, 2000[a]).

Conclusión: las cinco formas institucionales

Así, la economía capitalista de la teoría de la regulación se distingue de la idealización planteada por la teoría neoclásica. Esto no significa por eso que las formas institucionales correspondan a la intuición que cada quien pueda tener del mundo económico en el que opera cotidianamente. Son abstracciones que se inscriben en un enfoque teórico inspirado por los padres fundadores de la economía clásica. Responden además a las objeciones dirigidas a la falta de realismo de las hipótesis de la teoría del equilibrio general (TEG) (cuadro 1), mientras le dejan al análisis institucional, estadístico e histórico el cuidado de dar la caracterización exacta de las formas institucionales, y por lo tanto de la viabilidad de un modo de regulación.

CUADRO 1.   Las instituciones ocultas de una economía capitalista: de la teoría del equilibrio general (TEG) a la teoría de la regulación

Hipótesis de la TEG	Coherencia y pertinencia de estas hipótesis	Papel de las formas institucionales
1. La moneda no es más que un numerario	La moneda es también una forma de intercambio y de reserva de valor	Necesidad de las reglas para la creación y destrucción de la moneda
Un subastador centraliza todas las transacciones	No es una economía de mercado: de hecho, un planificador de tipo *Gosplan*	Un *régimen monetario* y de crédito define los sujetos mercantiles y permite la descentralización de las transacciones
2. Todos los agentes consideran *los precios como dados*	Muy generalmente los agentes tienen un comportamiento *estratégico*	Variedad de formas de la competencia que difiere de la competencia perfecta
3. Los *servicios de trabajo* se intercambian en un mercado de igual naturaleza al de los productos	El doble componente del trabajo, transacción mercantil y luego relación de *subordinación*	El contrato de trabajo está inserto en una red de instituciones que definen la *relación salarial*
4. Ausencia de Estado	Una autoridad externa al mercado se necesita para administrar la moneda, la competencia, los bienes públicos	La configuración de relaciones *Estado/economía*
5. Ausencia de Estado/nación	Todo Estado no es soberano más que en un territorio delimitado	Las modalidades de inserción en el *régimen internacional*

2 /

De las leyes de hierro del capitalismo a la sucesión de modos de regulación

Uno de los trabajos fundadores de la teoría de la regulación (Aglietta, 1976) partía de una apreciación muy crítica sobre la teoría neoclásica de la época, ya que ésta parecía incapaz de analizar ni la coyuntura estadounidense ni las transformaciones del capitalismo norteamericano desde la guerra de Secesión. Pero también criticaba la teoría marxista de la época en su variante de capitalismo monopólico de Estado (CME), en tanto ésta ofrecía una descripción inadaptada de una economía de grandes empresas conglomeradas, de convenciones colectivas y de políticas monetarias keynesianas, y se mostraba incapaz para pensar el cambio cuando el capitalismo se caracteriza por innovaciones y transformaciones estructurales. El esfuerzo teórico apuntaba a revelar las leyes de transformación endógena del capitalismo. Este era el sentido dado a la palabra regulación (ver cronología al final del libro).

Una lectura crítica de la ortodoxia marxista

El aporte de la teoría propuesta por Marx en *El Capital* es tratar al capitalismo como modo de producción y revelar sus funcionamientos así como su dinámica de larga duración. Los sucesores de Marx trataron de actualizar su teoría en función de un doble imperativo: primero, tener en cuenta los cambios aparecidos a lo largo del siglo XX; después y sobre todo, forjar instrumentos para la lucha política. Al hacerlo, los análisis del capitalismo evolucionaron mucho, pero a la luz de la historia económica del siglo XX, mostraron sus límites, e incluso su carácter errado. Por otra parte, los instrumentos del análisis económico progresaron mucho y algunos permiten superar ciertas dificultades encontradas por Karl Marx.

Especificar la forma de las relaciones sociales

Muy impresionado por la amplitud de las transformaciones asociadas con el aumento de la industrialización y adepto de la historia larga, Karl Marx propuso una caracterización del modo de producción que surgía en referencia a todos aquellos que lo habían precedido (modo de producción asiático, feudalismo, etc.) Marcado también por la filosofía alemana, el autor de *El Capital* construyó un sistema conceptual ambicioso que deriva de un esfuerzo de abstracción respecto de la "economía vulgar", para retomar la expresión del propio Marx.

En contraste con los otros modos de producción, el capitalismo se distingue por dos rasgos. En primer lugar, el dominio de una relación mercantil –hasta el punto de fijar un precio incluso a no mercancías– se opone a los otros modos de distribución de las riquezas. Luego, y sobre todo, las relaciones sociales de producción están caracterizadas por el conflicto entre capital y trabajo: los propietarios que no tienen acceso al capital se ven obligados a vender su fuerza de trabajo al "hombre de las monedas", que es el capitalista. Bajo la apariencia de una relación de intercambio (trabajo contra salario) se manifiesta la explotación del trabajo por el capital, en el sentido en que el valor creado por los asalariados es superior al valor de la reproducción de su fuerza de trabajo (gráfico 4).

Marx podía pensar que esta caracterización bastaba en toda generalidad para construir una teoría del capitalismo y de sus tendencias de largo plazo. Le era difícil anticipar que las luchas de clase, que sin embargo había estudiado mucho –en particular en sus escritos políticos–, no desembocarían necesariamente en el derrumbe rápido de este modo de producción y su reemplazo por otro, primero socialista y después comunista. Ahora bien, la historia de los diferentes países dominados por el capitalismo mostró una relativa variedad de relaciones sociales de producción y de organización de las relaciones mercantiles.

Cambio en el interior mismo de las relaciones sociales

Si en una perspectiva de largo plazo, es decir plurisecular, diversos modos de producción se suceden y se basan en relaciones sociales diferentes, no por eso queda excluido que estas relaciones sociales puedan evolucionar *en el propio interior de un mismo modo de producción*. Por ejemplo, los asalariados pueden luchar para limitar las bajas de salario en las crisis industriales, luego reivindicar y obtener una indexación de su salario nominal sobre los precios, y finalmente obtener un principio de reparto de los incrementos de productividad a los que contribuyen (Boyer, 1978). En el sistema conceptual de Marx esto quiere decir que el valor de la fuerza de trabajo ya no está determinado por necesidades sociales invariantes o por lo menos fijadas por los imperativos de la reproducción del salariado. El resultado de los conflictos capital/trabajo influye sobre la forma de la relación de explotación.

De la misma manera, el régimen monetario dista de ser invariante cuando se pasa, por ejemplo, de sistemas gobernados por un patrón oro a una economía de crédito en el contexto de una moneda de curso forzado. Los cambios en las relaciones Estado/economía son igual de importantes. En muy grandes rasgos, las transformaciones económicas y más aún las luchas políticas hacen pasar de un Estado centrado en las funciones reales tradicionales (derecho, justicia, defensa, diplomacia) a un Estado implicado en la mayoría de las formas institucionales, a saber la competencia, la relación salarial y el régimen monetario (Delorme y André, 1983).

El objetivo de la teoría de la regulación es precisamente detectar la amplitud de los cambios en la forma exacta de las relaciones sociales que intervinieron en la escala secular, tanto en Estados Unidos (Aglietta, 1976) como en Francia (CEPREMAP-CORDES, 1978).

Sin dinámica grandiosa del modo de producción capitalista

Otra diferencia con la tradición marxista reside en las dudas que la teoría tiene respecto de la existencia de leyes generales derivadas de la sola pertenencia de una economía al modo de producción capitalista. Para Marx, se trataba de la caída tendencial de la tasa de ganancia. Sus sucesores invocaron el aumento del capital financiero (Hilferding, 1970), el del imperialismo (Luxembourg, 1967), y luego la emergencia de un capitalismo monopolista (Baran y Sweezy, 1970). Sin olvidar, frente al aumento de las intervenciones del Estado en la economía, la teoría del capitalismo monopolista de Estado. Para la mayoría de estos autores estas características eran estrategias para contrarrestar la ley de la caída tendencial de la tasa de ganancia. Según otra interpretación, se trataba de estados que se inscribían en la marcha hacia un régimen económico en el que la actividad estaría colectivizada.

El objetivo de la teoría de la regulación es caracterizar con precisión, gracias a las estadísticas de las contabilidades nacionales, los parámetros de los diversos regímenes de acumulación que se observan en el tiempo y el espacio. Así, la noción de régimen de acumulación reemplaza a la de esquema de reproducción (gráfico 4).

GRÁFICO 4. De las categorías de la teoría marxista a las de la teoría de la regulación

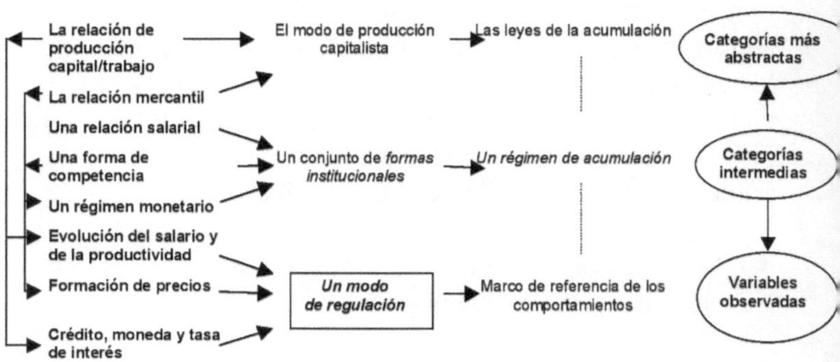

      Robert Boyer / CRISIS Y REGÍMENES DE CRECIMIENTO

El Estado, vector de los compromisos institucionalizados, no sólo agente del capital

Los teóricos marxistas estuvieron tentados de deducir la forma del Estado de la naturaleza del capital, lo que fue llamado teoría de la derivación (Mathias y Salama, 1983). Esta visión tenía como consecuencias, primero hacer depender la esfera política de la esfera económica, luego postular un funcionalismo del Estado en la dinámica del capital, a tal punto que en la teoría del capitalismo monopolista de Estado bastaría con cambiar este último para pasar a un sistema *de facto* ya colectivo. Ahora bien, tanto la historia de la construcción de los estados como los avances de las ciencias sociales desmienten esta doble hipótesis.

En el origen del Estado se encuentra la construcción de la soberanía sobre un espacio a menudo conquistado mediante la guerra. El soberano extrae de la economía los impuestos necesarios, sin que sea evidente que favorece así el aumento de la burguesía comercial y luego industrial. Los déficits recurrentes de las finanzas públicas imponen el recurso a los grandes financistas, a la pérdida de valor de la moneda legal, etc. Todos obstáculos al surgimiento de un capitalismo en forma debida.

Por su parte, los trabajos pluridisciplinarios muestran de hecho la necesidad de una distinción entre las esferas económica y política. En el nivel más abstracto, la primera, bajo el aguijón del capitalismo, tiende a la acumulación de la riqueza, la segunda se concentra sobre la acumulación de poder (Théret, 1992). En la práctica, sin embargo, el Estado debe prelevar recursos de la economía y, por el contrario, puede favorecer más o menos el surgimiento e implementación de las instituciones necesarias a la acumulación. A este respecto, es sólo *ex post* que se puede constatar si se desprende una modalidad viable de interacción entre lo político y lo económico. Son los regímenes físico-fiscales los que describen cómo la actividad económica retroactúa sobre el volumen de prelevamientos obligatorios y, recíprocamente, cómo la legislación y el sistema fiscal canalizan la acumulación.

La razón de esta no automaticidad de la viabilidad de estos regímenes es simple: la mayoría, cuando no la totalidad, de los gastos públicos y de los sistemas fiscales resultan de una serie de *compromisos institucionales* (Delorme y André, 1983) *a priori* independientes unos de otros, y que no apuntan en nada a estabilizar la acumulación. A menudo se observa sólo *ex post* un resultado no institucional. Para dar un único ejemplo, la conquista de los derechos sociales extensos por parte de los asalariados fue percibida, especialmente por parte de los empresarios, como conducente a la imposibilidad de la acumulación, debido a la caída de las tasas de ganancia consecuencia de estos avances. Ahora bien, el excepcional crecimiento de la segunda posguerra, particularmente en Europa, mostró que el cambio de la relación salarial es de hecho un factor de un régimen de acumulación sin precedentes y absolutamente viable, por lo menos por un tiempo (ver capítulo 3).

Las crisis se suceden pero no se parecen

Contrariamente a la imagen implícita vehiculada por el término "regulación", esta problemática trata simultáneamente de los regímenes de acumulación más o menos estabilizados y de sus crisis. Pero sobre este punto también la teoría de la regulación se distingue de las concepciones marxistas o incluso clásicas (Duménil y Lévy, 2002). Para Marx, el perfil de la acumulación es por naturaleza cíclico, lo que hace que se sucedan fases de crecimiento y luego de ajuste mediante crisis industriales o financieras. Pero para él hay otro tipo de crisis: el que correspondería al derrumbe del modo de producción capitalista bajo el efecto de sus contradicciones (aumento de la concentración, caída de la tasa de ganancia, etc.). Sus sucesores destacaron otras dos concepciones.

Para algunos historiadores y economistas, desde la emergencia del capitalismo comercial se sucederían ondas largas, de una longitud aproximativa de medio siglo. A una primera fase de dinamismo de la acumulación y de relativa prosperidad sucedería un cambio duradero y la entrada en una fase descendente de depresión, eventualmente de deflación (Kondratieff,

1992). Esta problemática permitió diagnosticar y analizar el cambio de los años 1970 (Mandel, 1978; Wallerstein, 1999).

Otros economistas, en particular los *radicals* estadounidenses, se vieron sorprendidos por la crisis de 1929, que casi marcó el derrumbe de la economía estadounidense. Ahora bien, la paradoja es que la tasa de ganancia en el período anterior a la crisis había alcanzado niveles para los que se planteaba un problema de mercado destinado a esa producción especialmente beneficiosa. Este nuevo desequilibrio en un régimen de acumulación suscitó una interpretación original del papel de la gestión de la demanda en el capitalismo monopolista (Baran y Sweezy, 1970). De manera más general, los historiadores de la economía, especialistas en el estudio de las crisis, tendieron a tomar la crisis estadounidense de 1929-1932 como patrón para las crisis del capitalismo del siglo XX.

La teoría de la regulación saca todas las consecuencias de la ausencia de un régimen de acumulación canónico. A cada régimen de acumulación corresponde una forma de crisis, hipótesis que permite reconciliar la crisis de 1929 con los anteriores episodios del siglo XIX. Por otra parte, el método de análisis es parecido al elaborado por la Escuela de los Anales sobre las economías precapitalistas: estos trabajos enseñan en efecto que "cada sociedad tiene las crisis de su estructura" (Labrousse, 1976). Esta concepción ya había sido utilizada para delimitar el cambio de forma de las crisis a lo largo del siglo XIX (Bouvier, 1989). Las investigaciones de la teoría de la regulación prolongan estas adquisiciones para el siglo XX. Cada economía tiene las crisis que corresponden a su régimen de acumulación y/o su modo de regulación.

Elaborar conceptos intermedios: las formas institucionales

Esta revisión crítica de las teorías marxistas del capitalismo desemboca finalmente en una caracterización de las formas institucionales (recuadro 6). Finalmente, la lista es la misma que la que resultaría de la actualización del análisis de las

RECUADRO 6. Las cinco formas institucionales:
definiciones

Forma institucional (o estructural): toda codificación de una o varias relaciones sociales fundamentales. Se distinguen cinco formas institucionales fundamentales.

Forma y régimen monetarios: la forma monetaria es la modalidad que reviste, para un país y una época dados, la relación social fundamental que instituye los sujetos mercantiles. La moneda no es una mercancía particular sino una forma de puesta en relación de los centros de acumulación, los asalariados y otros sujetos mercantiles. Se designa como *régimen monetario* la configuración correspondiente que permite ajustar déficits y excedentes.

Forma de la relación salarial: configuración de la relación capital/trabajo, compuesta por las relaciones entre la organización del trabajo, el modo de vida y las modalidades de reproducción de los asalariados. En términos analíticos, cinco componentes intervienen para caracterizar las configuraciones históricas de la relación capital/trabajo: tipo de medios de producción; forma de la división social y técnica del trabajo; modalidad de movilización y de vinculación de los asalariados con la empresa; determinantes del ingreso salarial, directo o indirecto; finalmente, modo de vida asalariado, más o menos ligado a la adquisición de mercancías o a la utilización de servicios colectivos fuera del mercado.

Forma de la competencia: indica cómo se organizan las relaciones entre un conjunto de centros de acumulación fraccionados cuyas decisiones son *a priori* independientes unas de otras. Se distinguen varios casos polares: mecanismos competitivos en cuanto la confrontación *ex post* en el mercado define la validación o no de los trabajos privados. Monopolismo, si prevalecen ciertas reglas de socialización *ex ante* de la producción por una demanda social de un monto y una composición sensiblemente equivalentes.

Forma de adhesión al régimen internacional: la conjunción de las reglas que organizan las relaciones entre el Estado-nación y el resto del mundo, tanto en materia de intercambios de mercancías como de localización de las producciones, por medio de la inversión directa o del financiamiento de los flujos y saldos exteriores, o incluso en materia de migración.

Formas de Estado: conjunto de compromisos institucionalizados que, una vez establecidos, crean reglas y regularidades en la evolución de los gastos y recaudaciones públicas.

instituciones ocultas de una economía de mercado como la concibe la teoría neoclásica (capítulo 1, cuadro 1.1). Estos dos enfoques son finalmente complementarios ya que corresponden a niveles de abstracción diferentes: la crítica interna de las teorías del equilibrio general hace surgir las instituciones necesarias *desde un estricto punto de vista lógico*. El análisis opera en el espacio de la teoría en el nivel más abstracto.

El reexamen del enfoque marxista lleva a especificar las características de las relaciones sociales fundamentales tal cual prevalecen en una sociedad y una época determinadas, como resultado de un *proceso histórico*.

Si el primer enfoque es funcionalista, el segundo es histórico y deja abierta la cuestión de la viabilidad de una serie de compromisos institucionalizados, forjados en la historia y que desembocan en las cinco formas institucionales. En efecto, las luchas sociales, los conflictos políticos y las grandes crisis económicas y financieras desembocan generalmente en nuevos compromisos institucionalizados que ya no se refieren únicamente a las relaciones Estado/economía, sino también a la relación salarial y las formas de la competencia. Es abusivo entonces considerar que la teoría de la regulación es funcionalista (Jessop, 1997). La cuestión de la viabilidad del régimen económico asociado con una arquitectura institucional está *a priori* abierta: sólo la observación *ex post* de semejante viabilidad dará la ilusión de un funcionalismo. Esta ilusión es retrospectiva y concierne sobre todo al teórico, ya que por su parte los actores económicos a menudo son sorprendidos por el resultado de los cambios institucionales.

Así, la teoría de la regulación desarrolla *conceptos intermediarios* entre una teoría válida en todo tiempo y todo lugar y la simple observación de los datos macroeconómicos. Está voluntariamente *subdeterminada*: pertenece al análisis empírico especificar la naturaleza de las formas institucionales para una economía y un período dados (ver gráfico 5).

Precisamente, esta indeterminación teórica introduce la presentación del concepto central, a saber, el del modo de regulación. Se puede resumir lo esencial de los problemas encontrados por este concepto con la ayuda de una serie de proposiciones.

GRÁFICO 5. El método de la teoría de la regulación

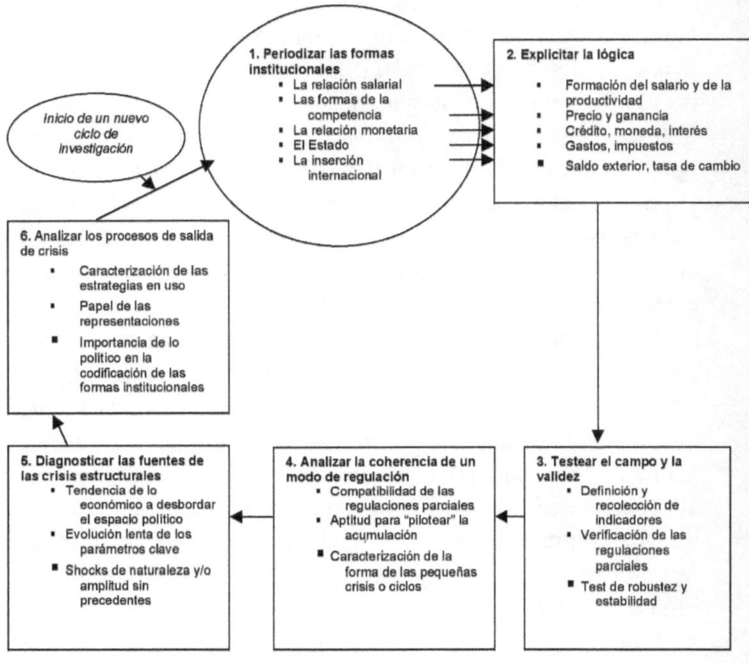

Una regulación a priori problemática

Así, los compromisos institucionalizados son fundadores de las formas institucionales. Ahora bien, en general son independientes unos de otros, aunque sólo sea por la especialización de las diferentes esferas de la actividad económica. Por ejemplo, el banco central recibe del gobierno las características del régimen monetario, las relaciones de trabajo forjan la relación salarial, la reglamentación y la estrategia de las firmas condicionan la forma de la competencia. Ningún "ingeniero de sistema" tiene a su cargo cuidar *ex ante* la compatibilidad de estas diversas formas institucionales. En efecto, cada actor económico decide su estrategia en función de las restricciones y estímulos propios del marco institucional en el que opera y toma en cuenta el sistema de precios. En una economía monetaria, y por lo tanto descentralizada, nada garantiza que la

   Robert Boyer / CRISIS Y REGÍMENES DE CRECIMIENTO

conjunción de estos comportamientos individuales defina una configuración viable en el plano macroeconómico.

En el nivel más fundamental, para la teoría de la regulación es *a priori* la incoherencia lo que debería ser la regla; la regularidad y la evolución ordenada, la excepción. Así volvemos a encontrar el origen del uso de este término en las ciencias físicas y biológicas (Canguilhem, 1974): ¿cómo entidades *a priori* independientes (por extensión, las formas institucionales) pueden implicar una evolución de conjunto compatible con su coexistencia y persistencia, en resumen, formar sistema (en este caso económico)? Si la respuesta es positiva, conviene llamar *modo de regulación* al conjunto de mecanismos económicos implicados. Se introducen así dos de las características esenciales de un modo de regulación.

Debe permitir reproducir de período en período la configuración institucional vigente sin alteración fundamental.

No debe suponer la interiorización por parte de los actores económicos de las reglas de conjunto que gobiernan el sistema entero. En esto la teoría de la regulación se opone a la escuela de anticipaciones racionales que, en macroeconomía, supone que los agentes económicos conocen tan bien como el teórico los mecanismos que rigen sus interacciones (Lucas, 1984). El papel de las formas institucionales es así resumir los conocimiento necesarios para la acción de los individuos y por lo tanto, simplificar el contenido informacional y cognitivo movilizado. Los agentes actúan así con un conocimiento parcial y una *racionalidad institucionalmente situada.*

Esta concepción está relacionada con la racionalidad limitada (Simon, 1983), pero el componente institucional gana sobre los aspectos propiamente cognitivos vinculados con la dificultad de una acción racional frente a la incertidumbre. Precisamente, las formas institucionales condensan y focalizan una información supuestamente pertinente, y en eso, reducen la incertidumbre intrínseca resultante de la conjunción de un conjunto de comportamientos estratégicos (Aoki, 2002). La cuestión de la existencia de un equilibrio, entendido como conjunto de comportamientos mutuamente compatibles, debe examinarse caso por caso. Esta noción de equilibrio no tiene nada que ver con la de equilibrio walrasiano, ya que ningún agente maximiza por obligación frente a un sistema de precios conocido por todos.

¿Cómo terminan emergiendo los modos de regulación?

Los numerosos estudios históricos y formalizaciones inspirados por la teoría de la regulación pusieron en evidencia diversos procesos o mecanismos.

¿El bricolaje y el azar?- *El hallazgo y el tanteo* fueron invocados para dar cuenta del modo de regulación asociado con el fordismo después de la segunda guerra mundial (Lipietz, 1979). La introducción de los métodos científicos de trabajo, el taylorismo, y después de la línea de montaje proporcionan, desde los años 1920, incrementos de productividad sin precedentes, pero a pesar de la baja del precio relativo de los bienes correspondientes, la demanda resulta insuficiente para abordar este excedente de producción. Desde un estricto punto de vista lógico, es bastante fácil para el observador exterior considerar que el consumo masivo es la contrapartida necesaria de la producción masiva. Sin embargo, nada semejante interviene si los agentes económicos están librados a su propia iniciativa. Una forma u otra de intervención colectiva es necesaria (Boyer y Orléan, 1991). Esto es precisamente lo que sucede después de la segunda guerra mundial: las convenciones colectivas que codifican y difunden el progreso del salario real según el prorrateo de la productividad aseguran *ex post* el establecimiento de un nuevo modo de regulación. La coherencia del sistema no estaba entonces adquirida *ex ante*.

Una selección por la eficacia: dudas.- Las formas institucionales no son *seleccionadas* en función de *su eficacia económica*. En efecto, aparece el equivalente de una dependencia respecto del camino: existen costos irrecuperables asociados con la construcción institucional. Además, así como algunas tecnologías de red (Arthur, 1994), las formas institucionales pueden manifestar rendimientos crecientes, de tal manera que formas superiores pero emergentes tienen desventajas respecto de las formas institucionales bien establecidas. Finalmente, hay que recordarlo, ningún ingeniero de sistema tiene como papel sincronizar la evolución de las formas institucionales. Ni siquiera el Estado, del cual mostramos la diversidad de objetivos e intervenciones. Es una ruptura respecto de la mayoría de las concepciones neoclásicas que consideran que agentes racionales siempre estarán interesados en negociar una reforma institucional eficaz en el sentido de Pareto, aunque los eventuales perdedores sean indemnizados por los ganadores. Generalmente semejantes mecanismos de transferencia no existen, de tal manera que los perdedores potenciales se oponen a la reforma.

Un proceso evolucionista.- Un tercer mecanismo apela a la *coevolución* de las formas institucionales entre ellas y con el cambio técnico. En cada período pueden enfrentarse o coexistir diversas estrategias de recomposición de las formas institucionales, pero es de su adecuación mutua que resultará la arquitectura que conduce a un modo de regulación que, a fin de cuentas, no se interpretará como tal más que *a posteriori*. Este mecanismo, como el anterior, no tiene relación directa con la eficacia. Este rasgo tiene consecuencias importantes sobre la persistente *diversidad* de los modos de regulación.

La hipótesis de complementariedad.- El surgimiento de un modo de regulación viable también puede corresponder a la existencia de *complementariedades* entre dos o varias formas institucionales. Por ejemplo, en el régimen de patrón oro, toda distancia respecto de los precios internacionales debe producir un reajuste de los costos de producción, a menudo por intermedio de la flexibilidad de los salarios, tanto hacia arriba como hacia abajo. Se observa así una complementariedad entre un régimen monetario y una relación salarial que permite semejantes ajustes. O también que las políticas llamadas keynesianas de estabilización del ciclo resultan complementarias con el hecho de que en las economías del siglo XX el salario nominal se ha vuelto rígido.

Una jerarquía de las formas institucionales.- Un modo de regulación puede resultar también del papel determinante de una forma institucional respecto de las otras. En efecto, la historia muestra la existencia de una *jerarquía* entre las formas institucionales; la asimetría correspondiente deriva muy a menudo de compromisos políticos particulares. Se puede detectar semejante configuración a partir de la observación de que un cambio estructural en la forma institucional dominante tiene como propiedad producir una evolución dentro de una o varias otras formas institucionales. Si, por ejemplo, el régimen monetario y la política del banco central de keynesianos se vuelven monetaristas, tasas de interés en promedio más elevadas pesan sobre el resultado de las firmas, lo que repercute sobre el empleo y los salarios; si la política se prolonga en un largo período, se ve afectada la configuración misma de la relación salarial (Boyer, 1986b). En ese caso, es el cambio de la jerarquía lo que explica los procesos de emergencia y/o transformación de un modo de regulación.

Mecanismos todos susceptibles de explicar la viabilidad de un modo de regulación. Pero esto explica también su *variabilidad en el tiempo y el espacio*.

Modos de regulación contrastados en la escala secular

El estudio de largos períodos del capitalismo francés (del siglo XVIII a la última década del siglo XX) hizo surgir la sucesión de por lo menos cuatro épocas. Las consecuencias del cambio de la relación salarial a lo largo de más de tres siglos son manifiestas en cuanto a la evolución del salario nominal y real.

Una regulación a la antigua hasta fines del siglo XVIII

Este modo de regulación prevalece en la mayoría de las economías del Antiguo Régimen en las que un capitalismo mercantil se desarrolla a partir de estructuras esencialmente rurales. La dinámica económica es impulsada por imprevistos que golpean a la agricultura. Frente a malas cosechas, el precio de los bienes que entran en el costo de vida se dispara, y la crisis agrícola se transmite al sector de la industria, lo que a su vez implica una caída del salario nominal debido a la contracción de la demanda del sector rural y agrícola. Así, el salario real se derrumba, y como las condiciones de supervivencia se vuelven precarias, la tasa de mortalidad aumenta, lo que no deja de recordar una de las hipótesis de base del modelo maltusiano. Es también un ejemplo de regulación estanflacionista, de la que volveremos a encontrar rastros sólo dos siglos más tarde en el modo de regulación administrada. En este tema, la teoría de la regulación se acerca a los trabajos de la Escuela de los Anales.

Una regulación competitiva típica del siglo XIX

Este segundo modo de regulación implica encadenamientos coyunturales completamente diferentes. En efecto, a partir de mediados del siglo XIX, el centro de impulso de la economía es la industria manufacturera, ritmada por la sucesión de fases de prosperidad y después de cambio. El grado de concentración del capital es débil, de tal manera que los precios son competitivos. Por otra parte, los asalariados están también sometidos a las fluctuaciones de la acumulación, sin poder de influencia sobre el salario nominal. En consecuencia, salario nominal, precios industriales y coyuntura industrial varían en concierto. Esta configuración es el equivalente, en la teoría de la regulación, de lo que es el equilibrio walrasiano para la teoría neoclásica. Sin embargo, hay una diferencia: bajo el impacto de la acumulación, el sistema económico nunca está en reposo —el equilibrio neoclásico— sino que hace alternar fases de sobre y luego de subacumulación. Este tipo de regulación está implícito en la mayoría de las teorías económicas. Sin embargo, no ha permanecido sin cambios, ya que progresivamente se ha transformado.

El tiempo largo del cambio: el período entre guerras

En efecto, la concentración de capital se manifiesta de período en período, especialmente en ocasión de crisis. Paralelamente, el aumento del salariado industrial permite su organización colectiva (sindicatos, asociaciones, mutuales) y surgen luchas que apuntan a limitar el trabajo nocturno de las mujeres y los niños, a hacer reconocer los accidentes de trabajo o a impedir los descensos de salario en períodos de mala coyuntura. Este movimiento aparece en el último tercio del siglo XIX y adquiere importancia después de la primera guerra mundial. Este período está marcado por el tránsito a la moneda de crédito, potencialmente despegada de toda convertibilidad, y la aparición de una inflación permanente por contraste con las oscilaciones del nivel general de precios característicos de la regulación competitiva, asociada con el patrón oro.

Los elementos colectivos de la relación salarial hacen su aparición –en Francia por ejemplo, se reconoce el derecho a la jubilación– de la misma manera que la acumulación de la inflación conlleva la reivindicación de los asalariados a favor de una indexación del salario nominal sobre un índice de precios al consumidor. Así, las formas institucionales son significativamente alteradas en comparación con el siglo XIX. Sin embargo, la regulación salarial sigue siendo la regida por la misma forma competitiva, lo que pone de relieve uno de los resultados centrales de la teoría de la regulación.

Contrariamente a las teorías neoinstitucionalistas que postulan una correlación perfecta e instantánea entre aparición de las instituciones y modificación de los comportamientos, los estudios históricos largos evidencian que aproximadamente un cuarto de siglo separa la emergencia de instituciones portadoras de innovaciones radicales y el establecimiento del modo de regulación correspondiente. La transformación de los modos de regulación se inscribe en el tiempo largo de la modificación de los modos de vida, de las técnicas de producción, de la especialización de las actividades, y no en el tiempo corto y volátil de las anticipaciones. Contrariamente entonces a las hipótesis que privilegian la mayoría de los programas de investigación en economía institucionalista, con la excepción del de Douglass North (1990).

La configuración paradójica de los años 1919-1939 marca una etapa importante en la evolución de los modos de regulación a largo plazo (gráfico 6).

GRÁFICO 6. La sucesión de los modos de regulación:
el ejemplo de la relación salarial

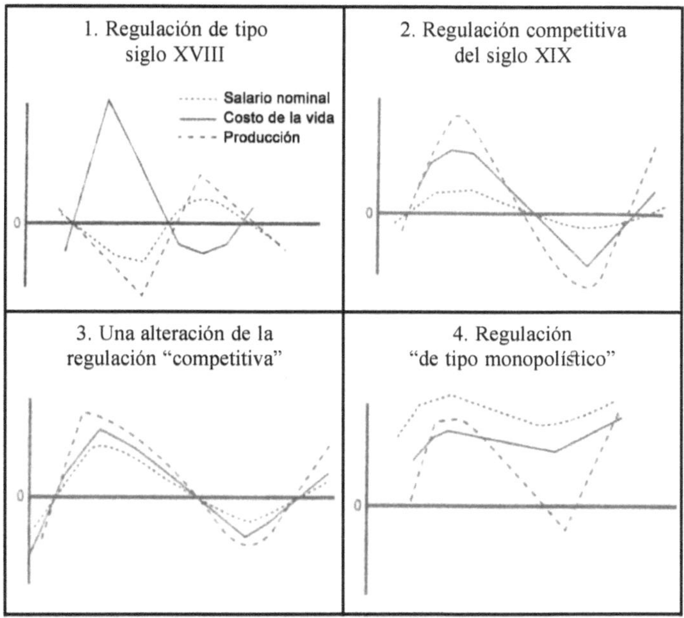

La regulación monopolista: los treinta años gloriosos

Es sólo a partir de la segunda mitad de los años 1950 que se establece esta *regulación* que se puede también calificar de *administrativa*, en germen en el período de entre guerras tanto en Francia como en Estados Unidos. En efecto, el tránsito a la moneda forzada se utiliza para financiar la acumulación y ya no los gastos de guerra; la relación salarial es radicalmente transformada por la indexación del salario nominal sobre los precios y lo que en la época se llamaba los "dividendos del progreso", es decir, la progresión esperada de la productividad. Paralelamente, los elementos colectivos que entran en el modo de vida asalariado (acceso a la educación, salud, vivienda, etc.) son incorporados en sistemas de cobertura social, ya sea *bismarckiano* –cuando son las cotizaciones sociales y patronales las que alimentan la cobertura social de los asalariados–, o *beveridgiano* –cuando la solidaridad social es financiada por los impuestos generales–.

Estos cambios fundamentales explican una evolución sin precedentes del salario: progresión casi continua del salario real, pérdida de sensibilidad del salario nominal respecto del desempleo, carácter estanflacionista de las recesiones. La regulación monopolista se distingue entonces fuertemente de la regulación competitiva. Es una diferencia respecto de otros enfoques institucionalistas que continúan haciendo del equilibrio de competencia perfecta con información asimétrica el punto de referencia respecto del que las instituciones realmente existentes introducen tantas imperfecciones. Para la teoría de la regulación, por el contrario, esta configuración institucional era coherente y proporcionaba desempeños que, retrospectivamente, aparecían como notables.

Este modo de regulación entró en crisis desde fines de los años 1960, y desde entonces se inició un proceso de recomposición de las formas institucionales que hasta el presente no dio nacimiento a un sucesor tan claramente identificable como la regulación monopolista.

Los modos de regulación contemporáneos

Sin embargo, las investigaciones exploraron diversas hipótesis que se organizan respecto de cierta jerarquía de las formas institucionales.

La profundización de la competencia, incluso internacional

En primer lugar, la desreglamentación y la apertura internacional casi continua desde mediados de los años 1960 hicieron de la *competencia* una forma institucional importante cuando no dominante (Petit, 1998). En efecto, tiende a afectar la recomposición de la relación salarial, de tal manera que los salarios ya no aparecen sólo como componente de la demanda efectiva sino en tanto costo que contribuye a la formación de la competitividad. *Mutatis mutandis*, los Estados-nación están en competencia, incluso en materia fiscal, debido a la mayor movilidad del capital, de tal manera que las relaciones Estado-economía se transforman. Este modo de regulación potencial es sin embargo diferente de la regulación competitiva típica del siglo XIX, cuando opera en el marco de un Estado de intervenciones multiformes, incluso en el ámbito de la cobertura social.

¿Un modo de regulación dominado por la terciarización?

Desde la segunda guerra mundial se produjo una lenta pero persistente transformación de las estructuras productivas. Mientras que la industria manufacturera fue motor y tendía a imponer su dinámica a la coyuntura de conjunto, el empleo terciario no cesó de desarrollarse hasta el punto de desplazar el centro de la economía (Petit 1986). Ahora bien, este sector de los servicios manifiesta una articulación original de las formas institucionales (relativa segmentación, incluso balkanización de los contratos de trabajo, competencia por la calidad y la localización, etc.). En consecuencia, en las economías contemporáneas, una parte significativa de las propiedades de los modos de regulación deriva del sector terciario. Por ejemplo, las fluctuaciones de la actividad son de menor amplitud debido a la inercia que prevalece en los servicios. Este modo de regulación se inscribiría en la continuidad del tránsito de la regulación a la antigua (dominada por el sector agrícola) hacia la regulación competitiva (impulsada por la industria) luego monopolista (caracterizada por una articulación original entre industria y servicio).

¿Un modo de regulación financiarizado?

Según un tercer enfoque, la multiplicación de las innovaciones financieras y la apertura a los flujos de capitales internacionales de muchas economías, desarrolladas o en vías de desarrollo, suscitaron una hipótesis alternativa, a saber la financiarización del modo de regulación (Aglietta, 1998). Ahora bien, el proceso de recomposición de las formas institucionales en las últimas dos décadas es tan complejo que, hasta el presente, la emergencia de un modo de regulación financiarizado es incierta y difícil de establecer, si no es en Estados Unidos en los años 1990. Pero este modo de regulación muestra sus límites con el estallido de la burbuja internet y no parece susceptible de aplicarse a muchos países (Boyer, 2002b).

Esta pluralidad de los modos de regulación potenciales ilustra una implicación fundamental de la teoría: si retrospectivamente su actualización da la impresión de una interpretación funcionalista, en el tiempo real de las transformaciones estructurales, la incertidumbre que preside la emergencia de los modos de regulación aparece claramente.

Conclusión: equilibrio, desequilibrio... regulación

Así, el aporte de esta problemática y la justificación de la elección del término regulación para caracterizarla se hacen más patentes.

La teoría neoclásica se concentra en la noción de *equilibrio*, aunque estudie el proceso de crecimiento, ya que se supone converge hacia un sendero dotado de estabilidad dinámica, que el sistema de precios bastaría para caracterizar. Además, esta teoría minimiza el impacto de la moneda e ignora el carácter dinámico del proceso de acumulación típico de una economía capitalista (Sapir, 2000).

La teoría del *desequilibrio* (Bénassy, 1984) levanta la hipótesis de precios walrasianos y considera que resultan de un proceso oligopolístico de formación de precios, lo que corresponde efectivamente a las formas contemporáneas de la competencia. Sin embargo, salvo excepciones, los modelos correspondientes no toman en cuenta la dinámica de la acumulación, ni el papel de las instituciones en la coordinación de las estrategias de los agentes económicos.

La teoría de la *regulación* se toma el trabajo de medir el impacto de las formas institucionales –que son la relación salarial, las formas de la competencia y el régimen monetario– sobre la dinámica de la acumulación que no resulta más del único juego de los precios relativos. En la medida en que ciertos precios como el salario o la tasa de interés resultan del juego de las formas institucionales, las herramientas forjadas por la teoría del desequilibrio, en particular la noción de racionamiento, pueden utilizarse para formalizar los modos de regulación.

3 /

Regímenes de acumulación
y dinámica histórica

Como la teoría se interesa en las tendencias de largo plazo, un segundo concepto desempeña un papel importante: el de régimen de acumulación. Es importante resituarlo respecto del esquema de reproducción planteado por Marx y sus sucesores. El objetivo es formalizar la dinámica económica mediante la consideración explícita del impacto de las formas institucionales sobre la distribución del ingreso entre salario y ganancia, y la compatibilidad del imperativo de valorización y de realización, para retomar la terminología marxista. Aparece entonces una multiplicidad de regímenes de acumulación, no solamente desde un punto de vista teórico sino también histórico. Esta variedad es tanto más marcada en la medida en que el análisis se extiende de las economías de antigua industrialización a aquellas en las que el proceso es más tardío.

De los esquemas de reproducción
a los regímenes de acumulación

Si el modo de regulación explicita los encadenamientos coyunturales de las principales variables macroeconómicas, tal como las perciben los agentes económicos, el régimen de acumulación describe los lineamientos de un modelo de crecimiento a largo plazo. Semejante dualidad no deja de suscitar algunas dificultades de interpretación.

Origen y significado

La noción de régimen de acumulación es fundamental y no se superpone con la de modo de regulación. Una primera aclaración establece un paralelo con una coexistencia equivalente en las otras teorías macroeconómicas. En la tradición keynesiana, el modelo IS-LM tiene por función describir el impacto de la política económica sobre los niveles de actividad, mientras que otros modelos, de más largo plazo, tratan de captar las condiciones de un crecimiento regular. Una dualidad similar se plantea en la macroeconomía neoclásica contemporánea: los modelos de ciclo real describen las consecuencias de innovaciones monetarias o tecnológicas, mientras que los modelos de crecimiento endógeno –como el modelo de Solow– se liberan de la descripción del ciclo para captar los factores que contribuyen al crecimiento a largo plazo.

Pero hay una razón mucho más fundamental para el uso de la noción de régimen de acumulación. En efecto, fiel a la intuición marxista de base, la teoría de la regulación obtiene de la referencia al modo de producción capitalista la hipótesis de un papel determinante de la acumulación. Sin embargo, el régimen de acumulación se distingue de los esquemas de reproducción por el hecho de que sus parámetros característicos se derivan, en lo esencial, de dos formas institucionales: la relación salarial y la forma de competencia. Además, el valor de estos parámetros generalmente se estima a partir de series largas de contabilidad nacional. Así se dispone de un modelo de dos secciones para la economía francesa de los treinta años gloriosos (Bertrand, 1983) y de un modelo equivalente para Estados Unidos (Juillard, 1993), o incluso de un modelo de varios regímenes que incorporan el período de entre guerras (Boyer, 1989).

El recuadro 7 da la definición completa de esta noción. Basta destacar los aspectos tanto cualitativos como cuantitativos. En efecto, la viabilidad de un régimen de acumulación plantea la cuestión de la reproducción de las formas institucionales. Cuando se derrumba un régimen de acumulación, la arquitectura de las formas institucionales se ve directamente afectada. Como última aclaración, esta noción es eminentemente abstracta y no pretende describir el comportamiento de los agentes económicos: es una herramienta de análisis para el investigador regulacionista.

RECUADRO 7.   De las formas institucionales a la microeconomía

Régimen de acumulación

El conjunto de regularidades que aseguran una progresión general y relativamente coherente de la acumulación del capital, es decir que permite reabsorber o extender en el tiempo las distorsiones y desequilibrios que nacen permanentemente del mismo proceso.
Estas regularidades conciernen a:

- un tipo de evolución de organización de la producción y de relación de los asalariados con los medios de producción;
- un horizonte temporal de valorización del capital sobre la base del cual pueden desprenderse principios de gestión;
- un reparto del valor que permite la reproducción dinámica de los diferentes grupos sociales o clases;
- una composición de la demanda social que valida la evolución tendencial de las capacidades de producción;
- una modalidad de articulación con las formas no capitalistas, cuando estas últimas ocupan un lugar importante en la formación económica estudiada.

Modo de regulación

Todo conjunto de procedimientos y comportamientos, individuales y colectivos, que tiene la propiedad:

- de reproducir las relaciones sociales fundamentales por medio de la conjunción de formas institucionales históricamente determinadas;
- de sostener y "pilotear" el régimen de acumulación vigente;
- de asegurar la compatibilidad dinámica de un conjunto de decisiones descentralizadas, sin que sea necesaria la interiorización por parte de los actores económicos, de los principios de ajuste del conjunto del sistema.

Una sucesión de regímenes de acumulación

Las investigaciones históricas de largo período referidas a Estados Unidos, Francia, los países europeos y Japón hacen aparecer efectivamente cambios de regímenes de acumulación. De manera sucinta, aparecen *dos parámetros claves* en la escala secular. Por un lado, *el carácter de la acumulación:*

De dominante extensiva si una configuración productiva se extiende sin cambio fundamental de las técnicas de producción.

Por el contrario, *de dominante intensiva* cuando la organización productiva se transforma permanentemente para obtener incrementos de productividad.

Por otro lado, las *características de la demanda* hacen intervenir de manera determinante dos configuraciones diferenciadas:

El modo de consumo, incluso el de los asalariados, está poco integrado a la producción manufacturera gobernada por el capitalismo, aunque sólo sea porque está garantizado por un sector agrícola caracterizado por una pequeña producción mercantil o relaciones rentistas.

A medida que progresa el salariado y, en consecuencia, la tasa de salarización, el modo de vida de los asalariados se transformó a su vez hasta el punto de depender cada vez más de la producción asegurada por el sector capitalista.

La combinación de estas dos características define *a priori* cuatro regímenes de acumulación que se han observado efectivamente en la historia (ver cuadro 2). Hay que observar que estos cambios se operan en la escala de varias décadas. Es importante explicar cuáles son los factores en el origen de la evolución de los regímenes de acumulación. A menudo son las grandes crisis las que marcan los límites de un régimen y suscitan las transformaciones anunciadoras de uno nuevo.

Cuadro 2. Cuatro grandes regímenes de acumulación: entre teoría e historia

Naturaleza del consumo	Naturaleza de la acumulación a dominante	
	Extensiva	Intensiva
Poco integrada al capitalismo	Economía inglesa siglos XVIII-XIX 1	Economía estadounidense siglo XIX 2
Muy integrada al capitalismo	Economía estadounidense último tercio del siglo XX 4	Economías de la OCDE después de 1945 3

Caracterizar los modos de desarrollo

Es tiempo de determinar de qué manera estos diversos regímenes se derivan de las propiedades de las formas institucionales características de cada uno de estos grandes períodos y examinar bajo qué condiciones un régimen de acumulación viable puede prevalecer. De pasada, mencionaremos el modo de regulación que sostiene cada régimen. Convenimos llamar modo de desarrollo a la conjunción de un régimen de acumulación y de un modo de regulación.

Acumulación extensiva en regulación competitiva

La teoría de la regulación encuentra su origen y su pertinencia en las economías en las que competencia y relación salarial tienden a imponer su lógica a la economía. Es el caso de las economías de antigua industrialización. Si nos colocamos en la segunda mitad del siglo XIX, observamos una configuración muy particular. La competencia es la que ejercen las empresas capitalistas debido a la superioridad de sus métodos y organizaciones productivas: tienden a reemplazar las formas anteriores, por ejemplo la de la pequeña producción mercantil, para retomar la terminología de Marx. La productividad se desarrolla bajo el efecto de la acumulación en el sector motor, el de las firmas industriales capitalistas. Es en este sentido que se puede calificar de extensiva la acumulación. Por su parte, el trabajo asalariado industrial está en desarrollo, pero minoritario, de manera que contribuye decisivamente a la formación de la ganancia pero no es –o lo es poco– partícipe de la formación de la demanda. En consecuencia, la reproducción económica se cierra sobre la demanda expresada por el campesinado, la burguesía o el gasto público. Es en este sentido que se puede hablar de una demanda impulsada por las ganancias.

¿Cómo se estabiliza la acumulación? Principalmente por las fluctuaciones del ejército de reserva, a saber el papel de las fluctuaciones de la actividad industrial sobre la formación del salario nominal. En efecto, a falta de organización colectiva, los asalariados no disponen más que de un muy débil poder de negociación. Cuando la coyuntura industrial arranca, la contratación aumenta el empleo, lo que permite un aumento de los salarios. Cuando, por el contrario, la coyuntura se da vuelta, los asalariados sufren de lleno las crisis industriales que tienden a repercutir en el conjunto de la economía, a medida que se difumina la regulación a la antigua, centrada en la actividad rural.

De hecho, más allá de las espectaculares y a menudo dolorosas transformaciones sociales, este régimen de acumulación garantizó el auge del primer capitalismo industrial.

Acumulación intensiva sin consumo de masas

Todas las configuraciones de la acumulación no desembocan necesariamente en un régimen dotado de estabilidad dinámica. A este respecto, el período entre las dos guerras es esclarecedor. En efecto, en casi su totalidad, las formas institucionales sufren transformaciones fundamentales. Un primer cambio corresponde a la movilización de la ciencia y la técnica para desarrollar productos nuevos e impulsar la racionalidad de los métodos de producción. Los incrementos de productividad sin precedentes testimonian el tránsito a una acumulación intensiva, construida sobre la cumulatividad de la mejora de las técnicas. Es la época de la producción masiva y de sus rendimientos de escala. El auge de la salarización introduce una segunda transformación respecto de fines del siglo XIX. Desde entonces, la demanda que emana de los asalariados se vuelve importante, pero su génesis choca con el hecho de que la relación salarial continua estando marcada por el carácter competitivo de la formación de los salarios.

En estas condiciones la aceleración de la productividad lleva al inicio de una acumulación impulsada por las ganancias, pero que choca con un desequilibrio entre las capacidades de producción y la demanda. En efecto, el crecimiento de la producción industrial no se acompaña con una evolución tan favorable del empleo, de manera que el salario real no se ajusta a los incrementos de productividad. En consecuencia, la moderación del crecimiento de la masa salarial pesa sobre la demanda.

Así se explica el carácter muy particular que reviste la crisis abierta en 1929 en Estados Unidos: tanto el *boom* y la euforia de los años 1920 como la depresión de 1929 a 1932 testimonian la no viabilidad del régimen de acumulación surgido de la primera guerra mundial.

Acumulación intensiva con consumo de masas

¿Por qué semejante secuencia no se reprodujo después de la segunda guerra mundial, como temían los contemporáneos? De hecho, la amplitud y la sincronización de los cambios intervenidos en los compromisos institucionalizados están en el origen de un régimen viable de acumulación intensiva, ya que a partir de los años 1950, producción y consumo de masas van juntos. Este cambio interviene gracias a la institucionalización de una relación salarial fordista basada en el principio de un reparto *ex ante* de los incrementos de productividad. Paralelamente, la aplicación de la ciencia y los avances tecnológicos a la producción se vuelve sistemática, mientras que se alarga el horizonte temporal de valorización del capital. Este alargamiento depende a su vez del vigor y la relativa estabilidad del crecimiento, a los que contribuye la aplicación de una nueva concepción de las relaciones Estado/economía. El Estado alienta la inversión productiva, realiza las infraestructuras necesarias a su eficacia, promueve también una cobertura social protectora de los asalariados. Finalmente, bajo el estandarte del keynesianismo, los gobiernos llevan adelante políticas de estabilización de la coyuntura. Factores todos que alargan el horizonte de la previsión y permiten la movilización de los rendimientos de escala y de los efectos de aprendizaje.

Así, este régimen de acumulación intensiva centrado en el consumo de masa, abre la era del fordismo. Respecto de los regímenes anteriores (cuadro 3), tiene como particularidad institucionalizar una complementariedad de hecho entre consumo de los asalariados e inversión, que desemboca en una notable estabilidad del reparto de los ingresos, tanto entre salario y ganancia como entre los propios asalariados. Este régimen de acumulación está caracterizado por un modo de regulación calificado de monopolista o de administrado, ya que está organizado gracias a una institucionalización de los procedimientos de ajuste en respuesta a los imprevistos de la actividad económica. Hay una última condición para el éxito de este modo de desarrollo: la ausencia de restricción fuerte ejercida por el entorno internacional, lo que permite el sistema de Bretton Woods. Cuando los ritmos de inflación implicados por las diferentes regulaciones nacionales divergen, el potencial de crecimiento resulta restaurado, en general gracias a un reajuste periódico de las tasas de cambio.

CUADRO 3. Un cuadro sinóptico de los regímenes de acumulación

Componentes	Régimen			
	Extensivo en regulación competitiva	Intensivo sin consumo de masa	Intensivo con consumo de masa	Extensivo desigual
Organización de la producción	La gran manufactura	Taylorismo luego línea de montaje	Movilización de los rendimientos de escala	Agotamiento de los incrementos de productividad y terciarización
Relación salarial	Competitiva	Siempre competitiva a pesar del crecimiento del salariado	Codificación del reparto de los incrementos de productividad	Descentralización, individualización y deterioro de las formas colectivas
Reparto del valor agregado	Regulado por el ejército de reserva	En beneficio de las ganancias	Estabilización *ex ante* del reparto	Reducción de la parte salarial, luego estabilización
Composición de la demanda social	Campesinado, burguesía, gastos públicos	Parte creciente de la demanda de los asalariados	Papel motor de la demanda de los asalariados	Estratificada en función del ingreso, a su vez vinculado con las competencias.

Una acumulación extensiva con profundización de las desigualdades

En Estados Unidos, este régimen sucede al fordismo en la medida en que su entrada en crisis se manifiesta por un agotamiento de las fuentes anteriores de incrementos de la productividad, ya sea por razones puramente tecnológicas (dificultad para perseguir incrementos de productividad frente a la demanda de diferenciación de los productos) o sociales (cuestionamiento de la lógica de trabajo fordista). Como a la crisis de un paradigma productivo no sucede necesariamente otro dotado de características equivalentes, los años 1970 están marcados por una vuelta a una acumulación dominante extensiva (gráfico 7). Es tanto más paradójico en la medida en que se intensifican los esfuerzos de innovación, sin que se manifiesten por una recuperación de los incrementos de productividad. Sólo aparecerá en los años 1980, y más aún en los noventa.

GRÁFICO 7. Productividad y salario real en Estados Unidos

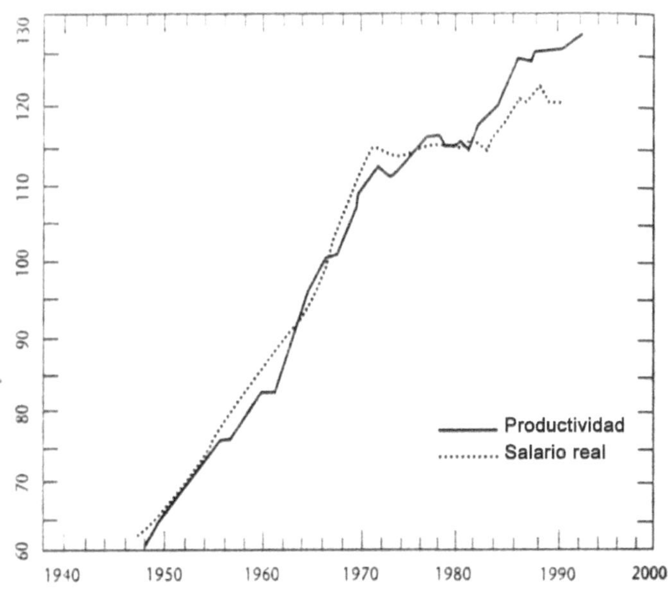

Un segundo componente de este régimen de acumulación deriva de la erosión, incluso la descomposición, de la relación salarial fordista, bajo el efecto de la pérdida de poder de negociación de los sindicatos frente al desempleo resultante de la crisis del fordismo. Descentralización de las negociaciones en el nivel de las empresas, individualización de los contratos de trabajo según las competencias, supresión de las cláusulas de indexaciones de los salarios con respecto a la inflación y a los incrementos de productividad, son factores que permiten un desarrollo de las desigualdades dentro del mismo salariado (gráfico 8). Las luchas de clasificación tienden a reemplazar las luchas de clases y este factor contribuye al estallido de la relación salarial anterior.

GRÁFICO 8. La evolución de las desigualdades de ingreso en Estados Unidos (primer decil versus último decil)

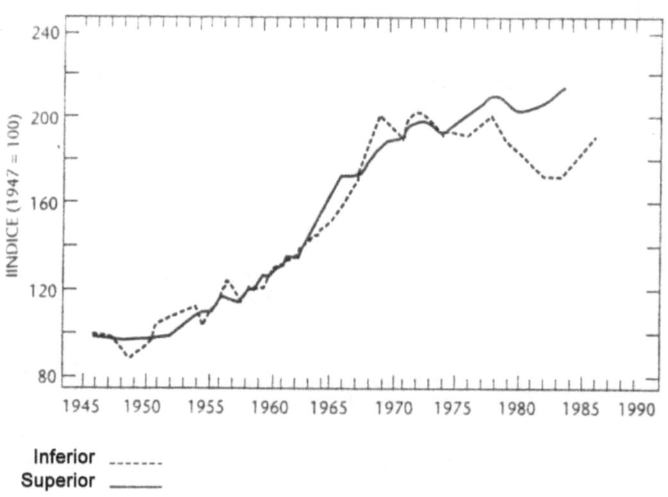

Este régimen está basado entonces en una profundización de la diferenciación de los productos en respuesta a un auge de las desigualdades, ya que ese es el principio del cierre de la acumulación. Por su parte, la "flexibilización" de las relaciones salariales autoriza reducciones de costos mediante la moderación salarial, y ya no la búsqueda de técnicas ahorrativas de trabajo, como era el caso del fordismo caracterizado por la anticipación de la permanencia del crecimiento del salario real. Así, la apertura cada vez más marcada a la competencia internacional ejerce un efecto sobre la moderación de los costos salariales. Además, las trayectorias sectoriales y nacionales se diferencian según el grado de competitividad.

Una observación importante: este modo de desarrollo brinda desempeños globales inferiores a los del fordismo porque está caracterizado por una clara desaceleración de la progresión del nivel de vida, un desempleo más elevado, ganancias más inciertas y una acentuación de las desigualdades sociales que no deja de tener consecuencias sobre la aceptabilidad de este régimen. Y, sin embargo, sucede al fordismo, lo que invalida la hipótesis de una evolución de los regímenes de acumulación en función de su capacidad para brindar una mayor eficacia. Es una desmentida tanto para la construcción neoclásica como para las concepciones marxistas que suponen un papel determinante, respectivamente, de la productividad sobre el crecimiento y de las fuerzas productivas sobre la reconfiguración de las relaciones sociales. Para la teoría de la regulación, las formas institucionales moldean el régimen de crecimiento, incluso la dirección e intensidad de la innovación.

Formalizar el fordismo
para estudiar su viabilidad y crisis

¿Cómo captar la viabilidad de un modo de desarrollo? Responder a la pregunta supone que se pase del análisis institucional y cuantitativo a una representación cuantificada de las relaciones entre las principales variables que intervienen en cada configuración de las formas institucionales. Con fines pedagógicos, es la formalización del fordismo la que se presenta primero; la sección siguiente desarrolla un modelo más general.

Los encadenamientos clave

De la caracterización anteriormente presentada es posible explicitar tres de los mecanismos en el corazón del fordismo (gráfico 9). El primero corresponde a la dinámica de los incrementos de productividad: el crecimiento permite obtener incrementos de productividad conforme a la existencia de rendimientos de escala y de efectos de aprendizaje. El segundo vincula, de manera generalmente explícita, la formación de los salarios a la evolución de los precios, al consumo y a los incrementos de productividad. Este segundo componente define entonces cómo se distribuyen los incrementos de productividad entre salario y ganancia. El tercer mecanismo describe cómo se forma la demanda una vez conocida la distribución del ingreso. Supone que el consumo de los asalariados es un indicador clave para la decisión de inversión de las empresas.

GRÁFICO 9. El círculo virtuoso del crecimiento fordista y sus tres condiciones

Finalmente, para que la demanda se convierta en producción, es necesario que estén disponibles las capacidades de producción y que las importaciones no absorban una fracción importante de esta demanda. La hipótesis subyacente es que la economía está poco o nada abierta a la economía internacional. Cuando se quita esta última hipótesis, se obtienen regímenes de acumulación completamente diferentes, especialmente pertinentes para los años 1980 y 1990, y más aún para los países llamados periféricos, es decir fuertemente dependientes en términos de comercio, tecnología y finanzas.

Las ecuaciones de base

Sobre la base de esta representación extremadamente simplificada del circuito económico, es posible construir un modelo que describa las variables clave de este régimen (recuadro 8).

La evolución de la productividad depende de las tendencias del cambio técnico, de la intensidad de la formación de capital y de la existencia de rendimientos de escala crecientes. Estos tres términos reúnen diferentes concepciones. La tradición schumpeteriana está representada por el término constante, expresión de tendencias exógenas del cambio técnico. Los modelos de generación de capital se traducen en el impacto del flujo de inversiones sobre la mejora de las tecnologías. Finalmente, los análisis kaldorianos, en este caso esenciales, toman en cuenta el impacto del dinamismo de la producción sobre la productividad.

La intensidad de la formación del capital es función del ritmo de crecimiento del consumo, lo que recibe una doble interpretación. Conforme con la tradición poskeynesiana, se reconoce un mecanismo de acelerador, pero es también la expresión de que la modernización del sector que produce los bienes de consumo es, en el fordismo, el principal estimulante de la producción de bienes de equipamiento. Esta segunda ecuación es entonces el resumen de una característica clave de un modelo en secciones productivas (Bertrand, 1983).

Por su parte, el consumo se inscribe en una lógica más kaleckiana que keynesiana. En efecto, se debe a Michal Kalecki el adagio según el cual "los capitalistas ganan lo que gastan, los asalariados gastan lo que ganan", traduciendo la asimetría fundamental que caracteriza la relación salarial. Así, el consumo depende de la masa salarial, hipótesis tanto más fundada en la medida en que la actividad salarial es dominante. Sin gran dificultad, se podría tomar en cuenta un comportamiento de consumo diferente para los asalariados y los titulares de las ganancias. La formación del salario toma en cuenta dos hipótesis centrales. Como el salario nominal está totalmente indexado sobre un índice de precios al consumo, el salario real se vuelve la variable pertinente. Ahora bien, este

RECUADRO 8. Un modelo de crecimiento fordista

Las ecuaciones

$(1)\ \overset{\circ}{PR} = a + b.(I/Q) + d.\overset{\circ}{Q}$

(1) PR productividad; Q producción

$(2)\ (I/Q) = f + v.\overset{\circ}{C}$

(2) I Volumen de inversión; C consumo

$(3)\ \overset{\circ}{C} = c.(\overset{\circ}{N}.SR) + g$

(3) N empleo; SR salario real

$(4)\ (\overset{\circ}{SR}) = k.\overset{\circ}{PR} + h$

(4) k coeficiente de reparto de los incrementos de productividad

$(5)\ \overset{\circ}{Q} = \overset{\circ}{D} \equiv \alpha.\overset{\circ}{C} + (1-\alpha).\overset{\circ}{I}$

(5) D demanda con $\alpha = (C/Q)_{-1}$ variable a largo plazo

$(6)\ \overset{\circ}{N} \equiv \overset{\circ}{Q} - \overset{\circ}{PR}$

(6) Determinación del empleo

Una representación gráfica

El modelo anterior se interpreta fácilmente como el resultado de un doble proceso:

1. Al conocer el ritmo de crecimiento de los mercados, ¿cuáles son las tendencias de la productividad [relación (I)]?
2. Para una evolución dada de la productividad, ¿cuál es la distribución de los ingresos entre salarios y ganancias, crecimiento del consumo y de la inversión, y por lo tanto de la demanda global [relación (II)]?

De donde la siguiente representación:

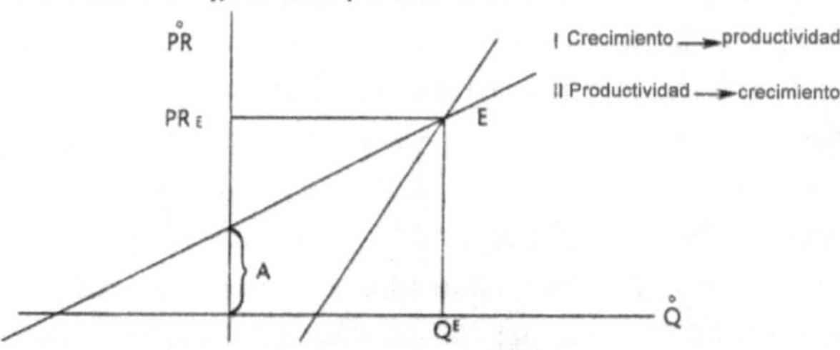

Una vez simplificadas y linearizadas algunas de las relaciones del modelo, la solución analítica es la siguiente:

$(I)\ \overset{\circ}{PR} = A + B.\overset{\circ}{Q}$

$(II)\ \overset{\circ}{Q} = C + D.\overset{\circ}{PR}$

$(III)\ \overset{\circ}{Q}{}^{E} = \dfrac{C + D.A}{1 - D.B}$

$\overset{\circ}{N}{}^{E} = \dfrac{C(1-B) + A(D-1)}{1 - D.B}$

con $A = a + bf$ y $B = bv + d$

$C = \dfrac{\alpha.(c.h + g) + (1+\alpha).f}{1 - \alpha.c - (1-\alpha).v}$
y
$D = \dfrac{\alpha c.(k-1)}{1 - \alpha.c(1-\alpha).v}$

salario real es objeto de una indexación generalmente explícita e institucionalizada sobre los incrementos de productividad. Se observa la ausencia de todo término referido a la situación del empleo o del desempleo, en conformidad con las enseñanzas de los estudios econométricos que muestran el papel vuelto menor del desempleo en el fordismo (Boyer, 1978).

La quinta ecuación asume la apariencia de una simple ecuación contable que iguala producción y demanda. Sin embargo, tiene un significado económico particular ya que postula que la dinámica de la demanda limita la producción. Es extender al mediano-largo plazo una hipótesis que la macroeconomía contemporánea sólo considera para el corto plazo. Esta hipótesis se libera de la concepción compartida por la casi totalidad de los macroeconomistas (neoclásicos, neokeynesianos, clásicos). Fue criticada (Duménil, Lévy, 2002), pero tiene el mérito de poner en valor la dependencia de las capacidades de producción respecto de la evolución de la demanda, tanto mediante la inversión y el mecanismo de acelerador, como debido a la dependencia de la intensidad del cambio técnico respecto de la presión de la demanda. De la misma manera, la sexta y última ecuación define el crecimiento del empleo como distancia entre las tendencias de la producción y de la productividad. Incorpora de hecho una hipótesis fuerte pero no necesariamente invalidada por los datos econométricos: el empleo no depende en lo esencial de fenómenos de sustitución capital/trabajo, sino del nivel de la demanda y de determinantes de la productividad (Boyer, 1999). Es inscribirse en la tradición de los modelos de crecimiento poskeynesianos.

Las tres condiciones de viabilidad

Las ecuaciones anteriores pueden interpretarse como explicitando un doble proceso, característica típica de una teoría del crecimiento acumulativo aplicada al fordismo (segunda parte del recuadro 8). Por un lado, conociendo el ritmo de crecimiento de la demanda, ¿cuáles son las tendencias de la productividad? Por el otro, para una evolución de la productividad, ¿cómo se distribuye el ingreso y cuál es en consecuencia el crecimiento del consumo, de la inversión, y por lo tanto de la producción? Para mostrarlo con una imagen, el crecimiento fordista resulta del equivalente de un motor a dos tiempos: primero la productividad desencadena el crecimiento, después el crecimiento estimula la productividad. Esta formulación literaria da la impresión de un proceso explosivo, porque es fundamentalmente desequilibrado.

De hecho, para que un régimen sea viable, importa que una perturbación exógena transitoria no afecte el sendero de crecimiento. Esta condición supone que el grado de indexación del salario real respecto de la productividad esté comprendido entre dos límites definidos por referencia al régimen de productividad y de demanda. Si es demasiado bajo, la economía corre el riesgo de derrumbe; si es demasiado alto, de explosión (recuadro 9).

Las fuentes de la crisis

A la luz de este modelo, son tres.

En primer lugar, es posible que *se agoten los incrementos de productividad* asociados con los métodos fordianos de producción, como se observó en Estados Unidos (Bowles, Gordon y Weiskopf, 1986) y más tardíamente en Francia (Coriat, 1995). *Caeteris paribus*, por otra parte, esto puede hacer entrar la economía en una zona de inestabilidad.

En segundo lugar, el mantenimiento de un pleno empleo, incluso de un sobreempleo, da un poder de negociación a los asalariados que reivindican entonces una *indexación más completa* de su salario sobre los incrementos de productividad. Luego, la ruptura ulterior de las tendencias de la productividad respecto de las anticipaciones sobre las que se basaban las convenciones colectivas también puede subir el grado de indexación observado *ex post* (Boyer, 1986b). En cuanto se franquea el umbral superior definido por la condición C2 la estabilidad del régimen de crecimiento ya no está garantizada.

Finalmente, la ausencia de innovaciones radicales de producto y la maduración del consumo de masas pueden implicar una evolución desfavorable del empleo: las innovaciones de procedimientos les ganan a las innovaciones de producto

(Lorenzi, Pastré y Tolédano, 1980; Réal, 1990). Además, el éxito mismo de la producción fordista conduce a un desplazamiento del empleo hacia el sector terciario (Petit, 1986), incluso la educación, la salud y el tiempo libre, ámbitos a los que los métodos fordianos *a priori* no están adaptados. Más aún en la medida en que la demanda debe volverse solvente por intervención del Estado, tema presente desde los trabajos fundadores de la teoría de la regulación (Aglietta, 1976).

Así, antes incluso de entrar en una zona de inestabilidad, la economía puede conocer una divergencia entre la evolución de la población activa y la dinámica del empleo.

Además, si las ganancias se ven afectadas negativamente, aparece una desaceleración, incluso un bloqueo de la inversión. La economía sale así de la zona de validez del fordismo para entrar en una zona llamada "clásica", en la que un deterioro de las ganancias tiene una influencia negativa sobre el nivel de actividad.

Estos son hechos estilizados que no dejan de recordar las evoluciones observadas tanto en Estados Unidos como en diversos países europeos en los años 1970.

Un modelo general de varios regímenes

A partir de fines de los años 1970, los límites de los regímenes de crecimiento de la posguerra, ya sea que correspondan a la crisis del fordismo o a la desestabilización del sistema monetario internacional, aparecen claros para la mayoría de los actores. Suscitan primero una inflexión de las políticas económicas, luego un retorno sobre lo bien fundado de ciertas formas institucionales. Si el monetarismo aparece como el primero en disputar la legitimidad del keynesianismo, es después la concepción clásica la que tiene una reaparición notable: los salarios, que antes eran considerados factor de dinamización de la demanda, son percibidos cada vez más como cargas que pesan sobre la rentabilidad de las firmas y la competitividad de la economía nacional. En consecuencia, muchos gobiernos conservadores vuelven sobre su legislación del trabajo, alientan a la competencia, la apertura internacional y redefinen el papel del Estado. A tal punto que, a comienzos de los años 1980, en los discursos políticos por lo menos, tiende a imponerse una concepción en las antípodas del fordismo: "la moderación salarial de hoy genera las ganancias que suscitarán la inversión de mañana y el empleo de pasado mañana", proposición conocida bajo el nombre de *teorema de Schmidt*. No era más que la primera etapa de una estrategia conocida en

     Robert Boyer / Crisis y regímenes de crecimiento

Francia bajo el nombre de *desinflación competitiva* (Lordon, 1997), y en la escala internacional bajo la expresión *política conservadora neoliberal* (Bowles, Gordon y Weiskopf, 1986; Boyer, 1990). ¿En qué medida semejante régimen de acumulación es viable?

Reintroducir factores competitivos

Este nuevo curso de las políticas económicas es una invitación a la generalización del modelo fordiano adjuntándole mecanismos competitivos. Es también una manera de analizar los regímenes de acumulación extensiva en regulación competitiva, típica del siglo XIX como caso límite de este modelo. Basta con proceder a dos generalizaciones. En primer lugar, la inversión depende a la vez de la evolución del consumo y de las ganancias. En segundo lugar, el salario real no depende ya solamente de la productividad, sino también del crecimiento del empleo como medida de la situación del "mercado de trabajo" (recuadro 10).

Una multiplicidad de regímenes de productividad y de demanda

La consecuencia de esta extensión es enriquecer considerablemente las configuraciones respectivas de los regímenes de productividad y de demanda. En cuanto al régimen de productividad, surge que la productividad resultará creciente con la producción, no sólo en el caso fordiano en el que los rendimientos de escala son elevados y la indexación limitada, sino también en un caso típicamente clásico: el crecimiento alimenta las ganancias que estimulan la inversión, fuente de incrementos de productividad. El régimen de demanda también puede ser creciente con la productividad en el caso clásico, en que la formación de los salarios es principalmente competitiva y la inversión fuertemente dependiente de las ganancias. Así aparece como posible un régimen de acumulación conforme a la intuición clásica.

RECUADRO 10. Regímenes de acumulación: un modelo general

Para tratar acerca de los modos de regulación competitivos, así como de la influencia de las estrategias liberales sobre la transformación del régimen de acumulación fordista, es importante generalizar el modelo de crecimiento anteriormente presentado (recuadro 4). Fundamentalmente, el encadenamiento clásico es el siguiente: salarios competitivos permiten ganancias elevadas que alimentan la inversión y por lo tanto la productividad. La subida del crecimiento –impulsada por la inversión, o en la economía abierta, por las exportaciones– produce a mediano plazo el dinamismo del empleo. Idealmente, el círculo virtuoso clásico se presenta así:

Los encadenamientos de un crecimiento clásico

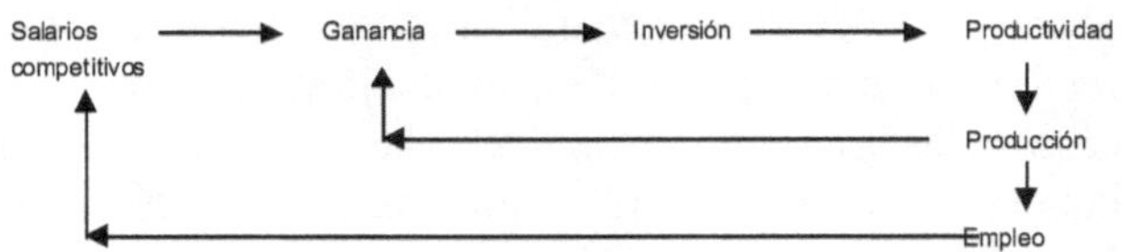

De hecho, para las necesidades del análisis, estos mecanismos se combinarán con los del bucle fordiano referido al sincronismo entre salario real y productividad. Para esto, basta con introducir dos generalizaciones.

La tasa de inversión depende tanto del ritmo de crecimiento del consumo como de la proporción de ganancias en el valor agregado [ecuación 2']. La ecuación contiene como caso particular tanto la hipótesis clásica pura (v = 0, u >>0) como la hipótesis fordiana típica (v >>0, u = 0).

El salario real combina dos determinaciones opuestas: un reparto explícito de los incrementos de productividad, efectos competitivos de acuerdo con una elasticidad positiva respecto de las tendencias del empleo [relación 4']. Las configuraciones se escalonan desde el caso fordiano típico (k > 0, 1 = 0) al caso competitivo puro (k = 0,1>>0).

De donde, respecto del modelo anterior, los tres cambios siguientes:

$$(2')\ \frac{1}{Q} = f + v.\mathring{C} + u\left(\frac{PRO}{Q}\right)$$

Volumen de la inversión, $\mathring{C}$: tasa de crecimiento del consumo, PRO/Q: proporción de ganancias

$$(4')\ \mathring{SR} = k.\mathring{PR} + \ell.\mathring{N} + h$$

ℓ : elasticidad del salario real respecto del empleo.

$$(7)\ PRO = Q - SR.N$$

Determinación de las ganancias.

Luego de una simplificación y linearización, la solución tiene la misma forma general que anteriormente (ver fórmulas (I) a (III) del recuadro 8), con las nuevas expresiones:

$$A = \frac{a + bf + vg + b(vc - u).h}{1 - b(vc - u).(k - 1 - \ell}$$

$$B = \frac{b[vc(1 + \ell) - 1] + d}{1 - b(vc - u).(k - 1 - \ell)}$$

$$C = \frac{(1 - \alpha)f + (ch + g)[\alpha + (1 - \alpha).v] - h(1 - \alpha)u}{1 - [\alpha + (1 - \alpha)v]c(1 + \ell) + (1 - \alpha).u}$$

$$D = \frac{[\alpha c + (1 - \alpha)v]c - (1 + \alpha)u.(k - \ell - 1)}{1 - [\alpha + (1 - \alpha)v]c(1 + \ell) + \ell(1 - \alpha).u}$$

Resulta también que pueden existir *regímenes híbridos*. Cuando existen rendimientos crecientes, se puede observar una relación negativa entre productividad y crecimiento en cuanto el grado de indexación de los salarios es demasiado elevado. De la misma manera, la indexación de los salarios no es una condición suficiente para que se observe un régimen de demanda creciente con la productividad, ya que basta que se refuerce el papel de la ganancia para que se invierta el régimen de demanda.

Cuando se combinan los diferentes regímenes de productividad y de demanda, se obtiene una variedad de configuraciones que corresponden a veces a regímenes de acumulación viables, a veces a situaciones de crisis.

Una vuelta a la periodización

Esta tipología autoriza una interpretación más analítica de la sucesión de los períodos presentados anteriormente (gráfico 10).

El *siglo XIX* se caracteriza por una fuerte influencia de la acumulación de capital sobre la productividad, pero rendimientos de escala moderados. Los salarios son esencialmente competitivos y la inversión depende de las ganancias. Para valores verosímiles de los parámetros, un régimen de acumulación anteriormente calificado de extensivo en regulación competitiva es susceptible de establecerse y de llevar a *un crecimiento moderado pero estable*.

GRÁFICO 10.   Una periodización de la acumulación y de sus crisis

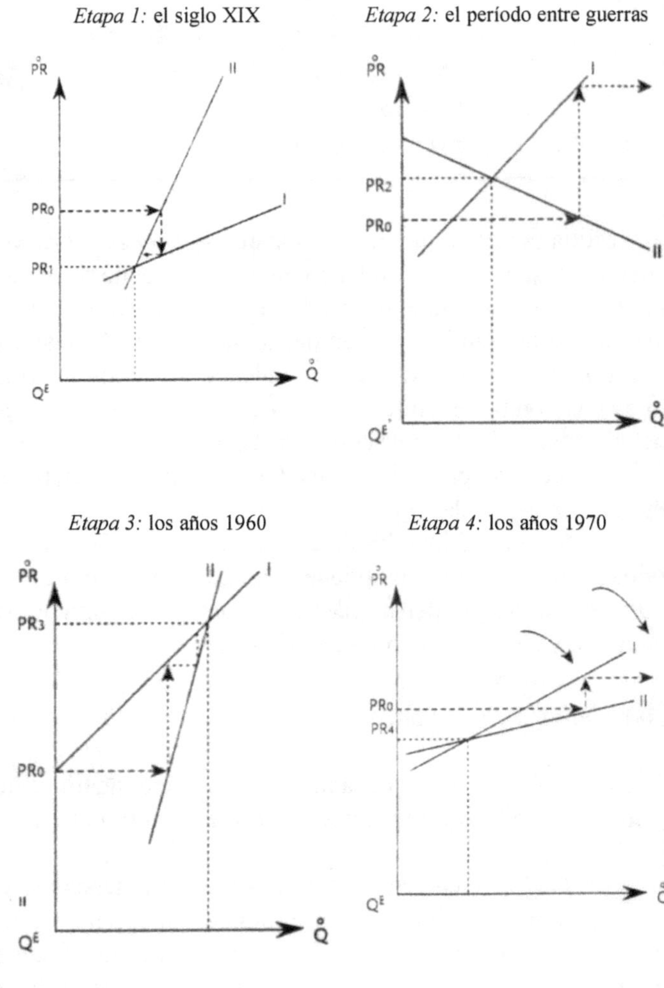

Fuente: Boyer, 1988ª: 619.

El período *entre guerras* está marcado por la importancia de los rendimientos de escala típicos de la producción masiva. Los salarios siguen formándose sobre una base esencialmente competitiva, en continuidad con el período anterior. En cambio, hay una novedad en el hecho de que la inversión se vuelve sensible a la demanda, incluso a la que emana de los asalariados por su crecimiento en cantidad. Debido a esto, el ritmo de crecimiento aumenta, pero el proceso se vuelve inestable por la relación negativa entre demanda y productividad, esencialmente causada por la ausencia de indexación del salario real respecto de la productividad. Así, puede interpretarse la crisis de 1929-1932 como la de un régimen de acumulación intensiva sin emergencia de un consumo de masa.

La *edad de oro de los treinta años gloriosos* es en un sentido la prolongación del período entre guerras, en la medida en que continúa la aplicación de los métodos de la organización científica del trabajo y se profundiza la dependencia de la inversión respecto del dinamismo de la demanda. La modelización muestra que el cambio fundamental es el que corresponde al compromiso salarial fordiano en virtud del cual los asalariados tienen acceso a los "dividendos del progreso", es decir a un reparto de los incrementos de productividad. Estimaciones econométricas sobre Estados Unidos (Leroy, 2002) confirman que este cambio fue suficiente para permitir el tránsito al fordismo, es decir a un régimen viable de acumulación intensiva centrado en el consumo de masa.

Los *veinte años dolorosos* (las décadas de 1970 y 1980) manifiestan la salida de este régimen bajo el efecto de la conjunción de diferentes cambios. El fenómeno determinante es la fuerte desaceleración de los incrementos de productividad, resultante de la casi desaparición de los rendimientos de escala debido a la llegada a la madurez de las industrias fordianas. Este fenómeno es espectacular en Estados Unidos y se propaga luego a los otros países industrializados. En algunos países europeos, la sobreindexación de los salarios penaliza las ganancias y contribuye a romper el círculo virtuoso anterior. Finalmente, las estrategias de liberalización refuerzan la competencia en escala internacional y doméstica, lo que vuelve sobre los determinantes de la inversión: la ganancia más que la demanda doméstica que emana de los asalariados, más aún en la medida en que las economías nacionales se abren al comercio internacional y después a los movimientos de capitales. De donde una fuerte desaceleración del crecimiento y encadenamientos coyunturales que rompen con los treinta años gloriosos y apelan a intervenciones repetidas de los poderes públicos para controlar una inestabilidad recurrente y, sobre todo, reformar las instituciones heredadas de la post-segunda guerra.

Conclusión:
el fordismo, concepto importante pero no exclusivo

Esta puesta en perspectiva permite comprender el lugar atribuido al fordismo por la teoría de la regulación. Dicha noción permite dar cuenta de un período que aparece como cada vez más excepcional en términos de rapidez y estabilidad del crecimiento, pero también de progreso del nivel de vida. Se inscribe en una ruptura respecto de la historia larga y contrasta con los mediocres desempeños de las décadas de 1980 y 1990, y refuerza el diagnóstico sobre la originalidad de este régimen de acumulación. En efecto, permitía conciliar alto nivel y estabilidad de la ganancia con un progreso del ingreso de los asalariados, combinar eficacia dinámica y moderación de las desigualdades, dinamismo del sector privado y amplitud de las intervenciones públicas.

Pero esta interpretación no es más que uno de los resultados de la construcción teórica: este régimen fue precedido por otros dotados de propiedades diferentes, entra en crisis debido a su mismo éxito, y una gran parte de los esfuerzos de la teoría de la regulación apuntó desde entonces a diagnosticar cuáles podrían haber sido sus sucesores. Finalmente, como se recordó en la introducción, es la observación de la crisis del fordismo lo que suscitó la emergencia de esta problemática. Es una invitación a un balance de resultados que entrega esta problemática sobre el análisis de las crisis.

4 /

Una teoría de las crisis

El presente capítulo propone un análisis más sistemático de la definición, el origen y el desarrollo de las crisis, tema ya abordado en los capítulos anteriores. En efecto, los conceptos de la teoría de la regulación fueron elaborados para dar cuenta simultáneamente de los factores que aseguran la *existencia* de un modo de regulación y de un régimen de acumulación, y de aquellos que contribuyen a su *desestabilización*. La construcción es en gran medida original respecto de las teorías macroeconómicas contemporáneas. No es tampoco la simple repetición de los trabajos de historia económica, aunque se inspira en la Escuela de los Anales. La puesta en evidencia de la *variedad de formas* que revisten las crisis no es un obstáculo a la explicación de una pequeña cantidad de *mecanismos de base* que llevan a las crisis que, en un cierto nivel de abstracción, están dotados de invariancia.

La dialéctica crecimiento/crisis

En efecto, el acento puesto sobre las condiciones de una acumulación viable conduce a interesarse simultáneamente en los factores de desestabilización de estos regímenes. Fiel a la filiación marxista, la teoría de la regulación considera que el perfil cíclico de la coyuntura resulta de las características mismas de las formas institucionales que son la competencia y la relación salarial: tendencia a la sobreacumulación durante la expansión, luego vuelta y ajuste de los desequilibrios así aparecidos durante la fase de recesión, de depresión o de crisis.

La concepción general

Así, la referencia a la noción de modo de producción es nuevamente central, ya que introduce un determinante extra de la acumulación respecto de la sola competencia operando en un conjunto de mercados: el impacto sobre la forma de la relación salarial. De la misma manera, el crecimiento no es el resultado garantizado de la aplicación del progreso técnico, sino la expresión de la coherencia de un conjunto de formas institucionales. La diferencia de interpretación es aún más marcada a propósito de las crisis. En la mayoría de las teorías macroeconómicas, resultan de imperfecciones de mercado o de la inadecuación de políticas que apuntan a prevenirlas. En efecto, las crisis son la traducción misma de las características del modo de regulación y del régimen de acumulación (cuadro 4).

CUADRO 4. Una comparación con la teoría estándar

	Teoría estándar (TS)	Teoría de la regulación (TR)
Concepción general	Un conjunto de mercados interdependientes	El capitalismo, conjunto de formas institucionales
Factores de crecimiento	Un progreso técnico (exo/endógeno)	Resultado de la viabilidad (local, transitoria) de un régimen de acumulación
Origen de las crisis	Imperfecciones de los mercados. Errores de política económica	Expresión de las tendencias de un: • Modo de regulación • Régimen de acumulación

De hecho, el aporte a la comprensión de las crisis se interpreta por referencia a las tres fuentes de inspiración de la teoría de la regulación.

Una gama completa de crisis

En una economía en la que el mercado ya no es la única forma de organización de los intercambios, son concebibles múltiples tipos de desajuste (recuadro 11). En primer lugar, pueden aparecer como el resultado de *shocks* supuestamente exógenos: impacto de una crisis internacional, conflicto, cataclismo natural. Pero por lo general, el *perfil cíclico* de evolución de las variables macroeconómicas es la expresión misma del modo de regulación vigente que, habitualmente, permite reabsorber de manera periódica la tendencia a la sobreacumulación. Para los cronistas y contemporáneos, esto aparece como una crisis, aunque la viabilidad de la economía no está en juego, ya que los desequilibrios se resuelven *dentro del modo de regulación*, sin transformación significativa.

Sin embargo, no es la única forma de crisis. En efecto, puede que la repetición de los ciclos de la acumulación lleve a una lenta alteración de los parámetros del régimen vigente y que, de correctores, los mecanismos correspondientes resulten desestabilizadores. Se detecta tal episodio por el hecho de que la desaceleración e incluso la detención de la acumulación no bastan para suscitar una recuperación endógena. Los primeros trabajos regulacionistas calificaban semejante episodio de *gran crisis* o *crisis estructural*.

El desarrollo de las investigaciones enriqueció esta primera distinción. En efecto, es útil distinguir entre una *crisis del modo de regulación* y una *crisis del régimen de acumulación*. En el primer caso, los encadenamientos coyunturales pueden ser desfavorables pero el régimen de acumulación sigue siendo viable. En cambio, durante el segundo, es el mismo principio del régimen de acumulación lo que está en cuestión. Es un escalón de gravedad superior. Finalmente, es posible que debido al fracaso de la recomposición de las formas institucionales, las relaciones sociales fundamentales del modo de producción sean cuestionadas. Se puede hablar entonces de *crisis del modo de producción*.

Esta tipología, que se deduce de la arquitectura de los conceptos básicos de la teoría de la regulación, puede parecer

RECUADRO 11. Cinco formas de crisis dentro de una misma
configuración institucional

La teoría de la regulación distingue cinco tipos de crisis, clasificados por orden creciente de gravedad, en el sentido en que formas institucionales cada vez más esenciales están involucradas.

1. Crisis como perturbación externa

Un episodio en el curso del cual la persecución de la reproducción económica de una entidad geográfica dada resulta bloqueada debido o bien a la escasez vinculada a catástrofes naturales o climáticas, o bien a derrumbes económicos que se originan en un espacio exterior, en particular internacional, o incluso en guerras.

2. Crisis endógena o cíclica, expresión del modo de regulación

Fase de reabsorción de las tensiones y desequilibrios acumulados en la expansión, dentro mismo de los mecanismos económicos y de las regularidades sociales, por lo tanto del modo de regulación que prevalece en un país y en una época determinados. En este sentido, la recurrencia de fases favorables, luego desfavorables a la acumulación constituye la consecuencia directa de las formas institucionales vigentes, que sólo muy lenta y parcialmente se ven afectadas por estas crisis cíclicas.

3. Crisis del modo de regulación

Episodio en el curso del cual los mecanismos asociados con el modo de regulación vigente resultan incapaces de cambiar los encadenamientos coyunturales desfavorables, mientras que, por lo menos inicialmente, el régimen de acumulación es viable.

4. Crisis del régimen de acumulación

Se define por la llegada al límite y el aumento de las contradicciones dentro de las formas institucionales más esenciales, las que condicionan el régimen de acumulación. Implica a mediano plazo la crisis de la regulación y por lo tanto del modo de desarrollo en su conjunto.

5. Crisis del modo de producción

Derrumbe del conjunto de relaciones sociales en lo que tienen de propio de un modo de regulación. En otras palabras, la llegada al límite de una configuración de las formas institucionales precipita el cuestionamiento y la abolición de las relaciones sociales vigentes en lo que tienen de más fundamental.

abstracta. De hecho, una concepción análoga está implícita en muchos trabajos de historia económica inspirados en la Escuela de los Anales. Más aún a partir de los años 1970, cuando el retorno de las crisis tiende a mostrar la pertinencia de las distinciones propuestas por la teoría de la regulación.

Una grilla de lectura de la historia de las crisis

En efecto, cada uno de estos tipos se observa en el pasado y la tipología ilumina las crisis contemporáneas (cuadro 5).

CUADRO 5. La aplicación de la taxonomía de las crisis

Tipo	En la historia	Período contemporáneo
1.Choque aparentemente exógeno	Crisis de aprovisionamiento	Shocks petroleros 1973, 1979, primera y segunda guerras de Irak
2. Crisis como parte de la regulación	Ciclo de los negocios en el siglo XIX	*Stop-and-go* en la regulación monopolista
3. Crisis de la regulación	Ciclo no reproductivo: 1929-1932 EUA	Aceleración de la inflación y reivindicación de la indexación en los años 1960
4. Crisis del régimen de acumulación	Acumulación intensiva sin consumo de masas	Crisis japonesa de los años 1990, crisis asiática de 1997
5. Crisis del modo de producción	Crisis del feudalismo	Derrumbe de la economía soviética

Shocks siempre presentes.- En las economías contemporáneas, el equivalente del *shock* representado por los imprevistos climáticos corresponde a las perturbaciones vehiculadas por la economía internacional en materia de precios de las materias primas (especialmente el petróleo), de tasas de interés o incluso de brusca evolución de las tasas de cambio. Se siguen observando entonces *crisis del primer tipo*, pero su impacto varía según los modos de regulación observados en cada país. Notemos que la sucesión de *shocks petroleros* desde 1973 no produjo la repetición idéntica de las mismas recesiones, ya que la intensidad del consumo energético se redujo en general y la regulación administrada se transformó en gran medida bajo el empuje de la acentuación de la competencia.

El *stop-and-go*, expresión de la regulación del fordismo.- En ausencia de estos *shocks* "provenientes de afuera", la acumulación es un factor portador de una dinámica económica que hace alternar expansión y recesión dentro de un modo de regulación. El período de los treinta años gloriosos no escapó a este movimiento que de hecho repercutió sobre la conducta de la política económica, tradicionalmente marcada por la sucesión de fases de recuperación y luego de estabilización, el *stop-and-go*. Las pulsaciones de la acumulación asumen entonces una forma diferente de la que tenían en regulación competitiva bajo la forma del ciclo de negocios. En uno y otro caso, se trata de una *crisis en la regulación*, es decir superable sin alteración de las formas institucionales ni intervención política excepcional.

Ciclos no "reproductivos", como crisis de un modo de regulación.- De manera opuesta, hay situaciones históricas en el curso de las cuales el juego del modo de regulación es incapaz de engendrar de manera endógena un cambio de la recesión a la recuperación. Es por ejemplo la interpretación que dan los economistas de la *Social Structure of Accumulation* de la depresión estadounidense de 1929-1932 (Bowles, Gordon y Weiskopf, 1986). La califican de ciclo no reproductivo ya que la caída de la actividad, lejos de corregir las ganancias, las reduce más aún, de tal manera que no aparece ninguna recuperación endógena. Es una *crisis del modo de regulación*, en este caso competitiva. *Mutatis mutandi*, es lo que se observa ulteriormente para la regulación monopolista: la inflación que expresa las tensiones de la acumulación tiende a acelerarse y propaga las demandas de indexación de la casi totalidad de los ingresos sobre la inflación (Boyer y Mistral, 1982). Más allá de cierto umbral, la inflación pierde su capacidad reguladora y se abre una crisis del modo de regulación.

1929 y crisis del fordismo: crisis del régimen de acumulación.- Es posible que esta crisis comprometa la viabilidad del régimen de acumulación. De hecho, es lo que se observó en el período contemporáneo, como en Estados Unidos después de 1929. En el primer caso, la incapacidad para deducir una configuración institucional adecuada desemboca en la crisis del fordismo. En el segundo, se vuelve a encontrar la incoherencia de un régimen de acumulación intensiva sin consumo masivo. Estas dos situaciones ya fueron analizadas en el capítulo 3 (gráfico 10). En teoría, una *crisis del régimen de acumulación* tiene mayor alcance que una crisis del modo de regulación. En la práctica, los dos ejemplos anteriores lo demuestran, la no resolución de una crisis del modo de regulación puede provocar la del régimen de acumulación.

La gran crisis del modo de producción soviético.- Finalmente, frente al bloqueo, a menudo político, de renegociación de los compromisos institucionalizados, es posible que una crisis del modo de desarrollo desemboque en el cuestionamiento ya no sólo de la forma precisa de las formas institucionales, sino de las relaciones sociales fundamentales de las que son expresión. La crisis del feudalismo, tal como Ernest Labrousse ha analizado, encuentra una sorprendente y notable correspondencia en el derrumbe de las economías sometidas a un régimen soviético: a falta de éxito de las reformas emprendidas por el presidente Gorbatchov, los dos fundamentos de este régimen son cuestionados: la propiedad colectiva de los medios de producción y la gestión de la economía por el Gosplan, y la exclusividad de la representación política por el partido comunista. Se puede hablar entonces de *crisis de un modo de producción*.

Para la teoría de la regulación, es entonces fundamental distinguir entre estos cinco tipos, ya que semejante distinción ilumina las crisis observadas tanto en la historia como en el mundo contemporáneo. La acumulación de las investigaciones sobre las crisis llevó además a deducir cierta cantidad de mecanismos generales en su origen.

El agotamiento endógeno de un modo de desarrollo

Dentro de un modo de regulación, el proceso de acumulación está marcado por la sucesión de fases de aceleración y luego de cambio, pero la recuperación de la acumulación está garantizada por el juego mismo de los ajustes que operan gracias a las formas institucionales. Sin embargo, a medida que estos ciclos se suceden, diversos cambios intervienen en estos procesos de ajuste, debido al mismo éxito del modo de regulación.

La crisis del fordismo

Es así como se interpreta la crisis de este régimen. Por su parte, la crisis de los años 1930 corresponde fundamentalmente a la incoherencia de un régimen de acumulación intensiva sin consumo de masas, lo cual explica su brutalidad. Es un mecanismo muy diferente el que funciona para el fordismo, régimen coherente durante varias décadas, gracias a la *regulación monopolista*. De hecho, la acumulación de transformaciones marginales fragiliza este régimen hasta el punto de volcarlo, en este caso en respuesta a *shocks* aparentemente exógenos (la subida de los precios del petróleo).

A partir de mediados de los años 1950, el crecimiento prosigue en un ritmo elevado; el temor a la repetición de la gran depresión de los años 1930 se diluye ya que no se observan más que recesiones, es decir simples desaceleraciones del crecimiento. Pero a medida que el éxito de este modo de regulación se reconoce, aparecen lentos cambios estructurales, inicialmente percibidos como marginales y sin consecuencias mayores, pero cuya suma puede volcar la viabilidad del modo de regulación. Como este modo de regulación tiene como propiedad hacer de la inflación una variable clave del ajuste macroeconómico, no es sorprendente que se generalicen las demandas de indexación de los precios e ingresos sobre un índice general, por ejemplo el de los precios al consumidor. Pero en cuanto la indexación es completa y casi instantánea, la inflación pierde todo poder regulador (Boyer y Mistral, 1982). La aceleración de la inflación resultante puede incluso comprometer la estabilidad del sistema monetario y financiero.

Un segundo factor de crisis corresponde al hecho de que las negociaciones salariales anticipan la búsqueda de los incrementos de productividad observados en el pasado, cuando justamente diversos mecanismos tienden a desacelerar su progreso. La economía puede chocar con los límites propiamente técnicos del paradigma de la producción masiva (Boyer y Juillard, 2002). Por otra parte, en la cercanía del pleno empleo, los costos de control suben para compensar la caída en la intensidad del trabajo (Bowles, Gordon y Weiskopf, 1986). Todos son factores que pueden terminar comprometiendo la viabilidad del régimen de acumulación fordista. Efectivamente, es lo que se observa a partir de fines de los años 1960. La introducción de estos cambios progresivos en los parámetros característicos del modo de regulación puede explicar el vuelco de la viabilidad a la inestabilidad del régimen de acumulación (gráfico 10).

El endometabolismo: una formalización

Conforme con el objetivo central de la teoría de la regulación, es importante analizar en el mismo cuadro analítico tanto los períodos de crecimiento como los de crisis.

Dos escalas de tiempo.- Es precisamente lo que permiten formalizaciones que distinguen dos escalas de tiempo: el tiempo corto de los ajustes implicados por el modo de regulación por un lado, y el tiempo largo de la transformación, las formas institucionales y de la tecnología (Lordon, 1996) por el otro. En materia de hipótesis económicas, se toma en cuenta la idea según la cual la diferenciación de los productos vinculados con el enriquecimiento consecutivo al desarrollo del fordismo afecta la productividad según una función logística: primero fácil, la diferenciación se vuelve cada vez más difícil hasta que choca con un límite en el progreso de la productividad. Segunda hipótesis, es importante tomar en cuenta el perfil cíclico de evolución de la economía en cuanto se distinguen diversas escalas de tiempo. Finalmente, a esta dinámica de corto período, se agrega una dinámica lenta: a medida que crece el ingreso, la demanda de diferenciación aumenta, y esto se manifiesta en una dificultad creciente de obtener incrementos de productividad (recuadro 12).

RECUADRO 12. El impacto de la diferenciación de los productos sobre la dinámica productiva y la crisis del fordismo

A. La dinámica de corto plazo

$\overset{\circ}{PR} = f(\overset{\circ}{Q}, \beta)$

(1) La productividad es una función logística

$\overset{\circ}{Q} = C.\overset{\circ}{PR} + D$

(2) La demanda varía linealmente con la productividad

B. La transformación a largo plazo del régimen de productividad

$N(t) = \Omega[R(t)] \quad \Omega' > 0$

(3) El número de producto N(t) crece con el ingreso permanente de los hogares

$[R(t)] = \int_{-\infty}^{t} \mu(t-\tau)\left[\int_{-\infty}^{\tau} Q(s)\,ds\right]d\tau$

(4) El ingreso permanente es un promedio móvil del ingreso pasado

$\beta(t) = \Gamma[N(t)] \quad \Gamma < 0$

(5) La diversidad de los productos es desfavorable a la productividad

De esto resulta que la dinámica de b(t) es mucho más lenta que la de la productividad, del ingreso y del crecimiento, con T retraso promedio en la formación del ingreso permanente. (6)

$\overset{\circ}{\beta} = \frac{1}{T}[R - R]\Omega'(\tilde{R}).\Gamma[\Omega(\tilde{R})]$

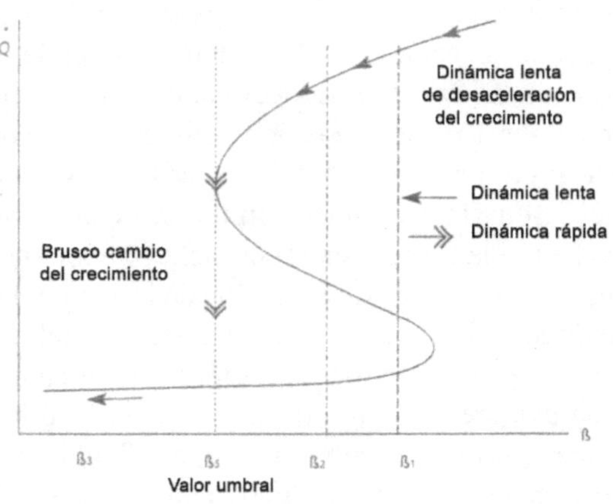

Fuente: Lordon, 1996.

Robert Boyer / CRISIS Y REGÍMENES DE CRECIMIENTO

La crisis como discontinuidad.- Las propiedades de mediano plazo son sensiblemente las mismas que para el modelo linealizado (recuadro 8): un crecimiento fuerte y estable, pero cíclico. En cambio, a largo plazo, la no linealidad de la producción introduce una dinámica original. A comienzos del período, la desaceleración de la productividad es moderada sólo cuando el crecimiento del ingreso estimula la diferenciación del consumo y de la producción. El ritmo de crecimiento decrece de manera continua, hasta que la diferenciación de los productos alcanza un umbral tal que las posibilidades de producción de masa se ven comprometidas. Se observa entonces un brusco despegue del ritmo de crecimiento y, en consecuencia, del empleo. Así, una serie de transformaciones marginales y continuas terminó por producir una evolución fundamental y brutal del ritmo de crecimiento.

Más allá del papel de los *shocks*.- La originalidad del modelo reside, además, en que sugiere una *irreversibilidad* en el tránsito del fuerte al débil crecimiento. Incluso suponiendo que bajo el efecto de la crisis y la desaceleración del ingreso la diferenciación sea regresiva, la economía no volverá a encontrar su ritmo elevado de crecimiento. En términos cualitativos, las propiedades del modelo corresponden a la observación de la brutalidad de los cambios consecutivos a la crisis del fordismo. Dichos cambios estuvieron asociados a la rapidez del aumento del precio del petróleo, factor que desempeñó evidentemente un papel importante. El interés del modelo es mostrar que, aun en ausencia de todo *shock* exterior, las tendencias a la desaceleración de la productividad deberían haber sido suficientes para generar una crisis puramente endógena de este modo de desarrollo. Tal análisis no pretende dar cuenta de la realidad de los encadenamientos de la crisis del fordismo, sino explicitar una propiedad muy general: el éxito mismo de un modo de desarrollo suscita una serie de transformaciones estructurales que terminan por desestabilizarlo.

Una propiedad general

La historia y las comparaciones internacionales proporcionan muchos ejemplos de una entrada en crisis de un régimen en el momento mismo en que la mayoría de los actores anticipan la prolongación de las tendencias (favorables) debido al mismo éxito encontrado en los anteriores ciclos coyunturales.

El modelo japonés víctima de su éxito.- La evolución de la *economía japonesa* desde los años 1970 proporciona otro ejemplo de la entrada en crisis de un modo de desarrollo debido a su mismo éxito. En efecto, un modo de regulación mesocorporatista había garantizado la emergencia de un modelo de desarrollo caracterizado por la sincronización de la producción y del consumo de masa (Boyer y Yamada, 2000).

En el contexto internacional de los años 1980, esta configuración había proporcionado notables resultados macroeconómicos, hasta el punto de alimentar la creencia de que este modelo sería el sucesor del fordismo en crisis. Efectivamente, las formas institucionales del Japón son originales. La relación salarial centrada en la empresa implica una estabilidad de la relación de empleo, compensada por una flexibilidad de los horarios y de la remuneración. Los *keiretsus,* grupos conglomerados muy diversificados, se dedican a una competencia oligopólica, coordinando en parte sus estrategias a mediano-largo plazo. El Estado sincroniza las anticipaciones de los agentes económicos más que intervenir directamente en la producción o redistribución de los ingresos. Todas características que alimentaron el crecimiento y favorecieron el casi pleno empleo. Pero a medida que se prolonga la fase de expansión, aparecen tensiones fundamentales en la relación salarial, debido a la extensión de la duración del trabajo y de la intensidad del esfuerzo requerido de los asalariados. Así, una de las ventajas competitivas del Japón se erosiona con el tiempo.

Este mecanismo es el equivalente al mencionado anteriormente a propósito de la crisis del modelo productivo característico del fordismo. Otra analogía radica en que este no es el factor inmediato del desencadenamiento de la crisis japonesa: corresponde de hecho a otra consecuencia del éxito del "modelo japonés". Como el Japón acumula los excedentes comerciales, el país se ve obligado a abrirse no sólo a las importaciones sino también a las finanzas. Las reformas correspondientes, especialmente en materia de liberalización financiera, desencadenaron un *boom* económico impulsado por una burbuja especulativa. Su estallido marca la entrada en crisis, una duradera desaceleración del crecimiento y un aumento del desempleo.

El hecho de que ninguna de las políticas de reactivación mediante gasto público o por una política monetaria con tasas de interés casi nulo haya logrado reeditar el rendimiento de los años 1980 muestra la entrada en una crisis del modo de regulación y, finalmente, del mismo régimen de acumulación. Lo que la mayoría de las otras teorías interpretan como el resultado de errores de política económica o de arcaísmo de la economía nipona se analiza más bien como la llegada al límite de un modo de desarrollo, más allá de los *shocks* y sobresaltos, que son los factores desencadenantes de la crisis.

La crisis de la estrategia de sustitución de las importaciones.- Las economías *latinoamericanas* en su mayoría habían basado su desarrollo en una estrategia de sustitución de importaciones: gracias al control del comercio exterior, se favorecía la progresiva producción por parte de empresas nacionales de bienes anteriormente importados (Ominami, 1986). Este modo de desarrollo permitió en los años 1950 y 1960 un crecimiento más rápido que en el pasado, atenuando al mismo tiempo la dependencia de las economías latinoamericanas respecto de la coyuntura internacional. Sin embargo, a medida que la sustitución de importaciones afectó bienes cada vez más intensivos en tecnología o que movilizaban rendimientos de escala, la eficacia de esta estrategia se erosionó, ya que el tamaño del mercado doméstico resultó muy limitado y las perspectivas de recuperación comprometidas por la llegada de una nueva ola tecnológica en la escala mundial. Estos límites precipitaron crisis financieras, económicas e incluso políticas. Contrariamente a la interpretación que prevaleció en los años 1990, estas crisis repetidas no provinieron de la incoherencia de la no viabilidad de este modelo de desarrollo, sino más bien de su llegada al límite, debido, una vez más, a su propio éxito (Boyer, 2002b).

La acumulación tiende a desbordar
el espacio de la regulación

Tal es el segundo mecanismo que está en el origen de muchas de las crisis del régimen de acumulación.

Desde los orígenes del capitalismo

Desde la emergencia del capitalismo comercial, los intercambios tienden a desplegarse más allá del espacio doméstico, hasta el punto de constituir ya una economía-mundo (Wallerstein, 1978). Esta tendencia a la extraversión de la acumulación se manifiesta también en la primera revolución industrial de dominante extensiva del siglo XIX. En efecto, el excedente de producción que permite el auge de las formas capitalistas supera la capacidad de absorción de los mercados domésticos. En consecuencia, alimenta el desarrollo de las exportaciones en dirección de las zonas y países menos avanzados. Por otra parte, este es el mecanismo que crea interdependencias nuevas entre formas institucionales domésticas y régimen internacional y, en consecuencia, transmite las crisis del capitalismo de un país a otro. Esta interdependencia no es el resultado únicamente del comercio internacional, ya que la inversión productiva y el capital financiero tienden después también a internacionalizarse. Cuando se extiende el análisis del nivel nacional al del conjunto de la economía mundial, lo que anteriormente se analizaba como un *shock* exógeno deviene de hecho la expresión de la interdependencia entre países, creada por la internacionalización del comercio, la producción, la inversión y las finanzas.

El fordismo desestabilizado por la internacionalización

El fordismo no es la excepción: si bien en el origen opera gracias a la sincronización de la producción y del consumo de masa en un espacio esencialmente nacional, luego pone en movimiento un proceso de extraversión. En efecto, cuando se reconstituyen las infraestructuras y las inversiones en los sectores de base, la búsqueda de los rendimientos de escala no logra más expresarse sólo en el mercado interior, de manera que el auge de las exportaciones aparece como el medio para prolongar las potencialidades del régimen de productividad fundadas sobre los rendimientos crecientes. Además, con el enriquecimiento, la demanda de diferenciación constituye un segundo factor de auge de los intercambios internacionales.

El régimen de demanda resulta afectado, porque al consumo de los asalariados y a la inversión de las empresas hay que agregar las exportaciones netas. Por su parte, las exportaciones dependen del crecimiento mundial y del precio relativo de los productos nacionales respecto de la competencia internacional. Por su lado, las importaciones responden al crecimiento interno y a los precios relativos. Así, a medida que aumenta la parte del comercio internacional, un término representativo de la competitividad –él mismo directamente vinculado con la proporción de ganancias– se introduce en el régimen de demanda (Bowles y Boyer, 1990).

Mientras predomina el bucle fordiano el impacto del salario real sobre la demanda es moderadamente positivo: se trata de una propiedad tan importante como sorprendente de la regulación monopolista. Pero existe un umbral de apertura internacional a partir del cual se da vuelta el impacto de un aumento exógeno del salario real: de positivo pasa a negativo. Algunas estimaciones econométricas sugieren que las economías alemana y francesa habrían franqueado este umbral en los años 1980 (gráfico 11).

Así, la apertura al comercio internacional, que desempeña primero un papel favorable en la prolongación del régimen de productividad, termina por alterar el régimen de demanda, hasta el punto de desembocar en regularidades macroeconómicas que ya no son las implicadas por el fordismo. Es otro ejemplo de una crisis resultante de una forma de endometabolismo.

Los intercambios entre países desarrollados tienden así a operar dentro de la misma rama, mediante diferenciación de productos. Ya no resultan únicamente de especializaciones nacionales en ramas diferentes, lo cual era la configuración típica del siglo XIX y sigue siendo hoy el caso de muchas relaciones norte/sur.

Gráfico 11. El vuelco del régimen de demanda bajo el efecto de la internacionalización

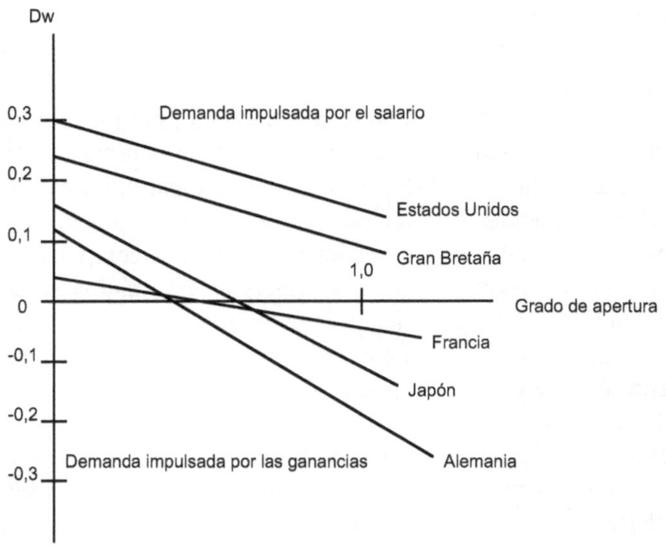

*En ordenadas, Dw representa la derivada de la demanda respecto del salario real. El período de estimación del modelo es 1961-1987.

Fuente: Bowles y Boyer, 1995.

Las economías dependientes: la crisis de los modos de desarrollo impulsados por las exportaciones

La doble generalización del modelo (recuadro 10) en vistas de considerar la posibilidad de un régimen clásico –es decir, en el que la demanda es impulsada por las ganancias– y de la apertura internacional –que vuelve posible un régimen ligado a la competitividad– permite dar cuenta de las particularidades de las crisis de las economías llamadas dependientes.

En las antípodas del fordismo.- En efecto, ninguna de estas tres condiciones permisivas de este régimen se cumple.

Primero, la evolución de la productividad depende en lo esencial de la importación y la adaptación de las tecnologías incorporadas en los equipamientos y los bienes intermediarios producidos por las economías más avanzadas. Estos incrementos potenciales son tanto mejor movilizados en la medida en que las tecnologías correspondientes sean utilizadas por el sector exportador, ya se trate de inversión directa extranjera o de firma doméstica.

En segundo lugar, el régimen de demanda se ve afectado por la inserción internacional, ya que el salario contribuye sobre todo a la formación de la competitividad y no sólo de la demanda doméstica. Potencialmente, esta apertura tiene como consecuencia la desconexión del bucle de la acumulación respecto del espacio doméstico, segunda oposición respecto del régimen de acumulación fordista.

Finalmente y sobre todo, la debilidad de la institucionalización de la relación salarial lleva al dominio de mecanismos competitivos en materia de formación de los salarios (Bertoldi, 1989; Boyer, 1994).

Es posible entonces explicitar las condiciones bajo las cuales un régimen de acumulación impulsada por las exportaciones es efectivamente viable. Es necesario que la economía esté suficientemente abierta y que las elasticidades de precio sean superiores a un cierto umbral para que se desencadene efectivamente el mecanismo virtuoso que asocia crecimiento de la productividad, mejora de la competitividad, estímulo a las exportaciones, distribución del ingreso y crecimiento de la demanda interna. La existencia de un vasto ejército de reserva, estabilizando el salario real a pesar del dinamismo de la economía, es una condición favorable a la emergencia de semejante modelo. El crecimiento chino desde hace dos décadas parece seguir esta trayectoria hasta el momento virtuosa, pero no desprovista de tensiones y de factores de crisis (Hochraich, 2002).

Dos formas originales de crisis.- Pero por el contrario otras dos configuraciones proporcionan evoluciones mucho menos satisfactorias. En efecto, es posible que, debido al carácter muy competitivo de los salarios, el régimen de productividad se conjugue con el régimen de demanda para implicar un crecimiento caracterizado por una desaceleración de la productividad en cuanto un fuerte crecimiento de los salarios hipoteca las ganancias y la competitividad del sector exportador. Esta configuración no deja de recordar la crisis de la economía coreana de mediados de los años 1980.

El caso más desfavorable se observa cuando la formación de los salarios es competitiva y el país poco abierto y/o dotado de poca elasticidad para sus exportaciones. En efecto, la disciplina de los salarios penaliza la demanda doméstica más que desarrolla las exportaciones, a menudo limitadas a mercancías para las que el país está sometido a los precios mundiales. Este régimen podría caracterizar diversos países de América Latina, tanto más en la medida en que son dependientes de la exportación de materias primas y no de productos industriales. Estos países se caracterizan por un régimen estanflacionista y/o una inestabilidad estructural.

Notables diferenciaciones entre Asia y América Latina.- Se introducen así factores de bloqueo y crisis propios de las economías dependientes. O bien la economía no logra recuperar lo suficientemente rápido la brecha de productividad respecto de la economía mundial, o bien el carácter competitivo de la relación salarial resulta incompatible con la movilización de los rendimientos de escala que permite la recuperación tecnológica. Volvemos a encontrar dos de las formas que reviste la crisis de muchas economías dependientes. Aparece así una divergencia del ritmo de crecimiento respecto de las exigencias de la reproducción de las formas institucionales –este parece ser el caso en muchos países de América Latina– o bien una rápida expansión consecutiva a la apertura internacional desemboca en una gran crisis, como en Asia después de 1997.

La originalidad de las crisis de los países dependientes corresponde entonces al hecho de que su régimen de acumulación no es para nada una variante del fordismo. Su especificidad se ve reforzada cuando se observa su fuerte asimetría respecto de la intermediación financiera internacional, de tal manera que las crisis de cambio frecuentemente están asociadas con crisis bancarias (Boyer, Dehove y Plihon, 2004).

Estas fuentes de crisis se agregan a las que conciernen a la no viabilidad de algunos regímenes de acumulación. Argentina constituye un caso ejemplar de la superposición de estas diferentes fuentes de crisis (Miotti y Quenan, 2004, recuadro 13).

La liberalización financiera desestabilizadora de los regímenes de acumulación

La posibilidad de un modo de regulación dominado por las finanzas de mercado ya fue mencionada como posible sucesor de la regulación monopolista. Claramente, la preeminencia de lo financiero implica una configuración de las formas institucionales en las antípodas de la observada en el fordismo (Aglietta, 1998). Más allá de la aparente coherencia del discurso sobre el valor accionarial, es importante examinar la viabilidad y la generalidad de semejante régimen.

Los contornos de un régimen de acumulación impulsado por las finanzas

La observación de la economía estadounidense desde los años 1980, marcada por la liberalización y la innovación financiera, revela el carácter central de la evaluación bursátil como indicador macroeconómico clave que gobierna tanto la inversión como el consumo, a través de los efectos de riqueza. La dinámica que va de la ganancia a la cotización y viceversa reemplaza la que ajustaba productividad y salario real, producción y consumo de masa (gráfico 12).

En comparación con el fordismo, este régimen atribuye un papel determinante a las variables de stock referidas a las finanzas y al impacto de los rendimientos financieros sobre las decisiones patrimoniales (recuadro 14). A grandes rasgos, la inversión debe tomar en cuenta el objetivo de rentabilidad fijado por el mercado financiero, y ya no sólo las variaciones de la demanda. El consumo sigue dependiendo del ingreso salarial, pero interviene además un término que mide el valor de los activos en bolsa de los hogares.

Este valor supuestamente se forma en función de una actualización de las ganancias futuras, considerando una tasa de descuento fijado a partir de la tasa de intervención del

Recuadro 13. La crisis argentina de 2001-2003

La particularidad de la trayectoria argentina suscitó muchas investigaciones de las que puede encontrarse una síntesis en Neffa y Boyer (2004). La tipología de las crisis (recuadro 11) se aplica particularmente bien a la dinámica de los años 1990 que desembocó en una crisis financiera, política, social y económica.

Primero se suceden una serie de *shocks desfavorables*: Argentina sufre el contagio de las crisis mexicana (1994-1995), asiática (1997), rusa (1998) y la devaluación de Brasil (1999), socio comercial importante. En sí mismos, estos shocks no son suficientes para explicar una crisis de tal gravedad. Hay que tomar en cuenta las características del modo de regulación resultante de la transformación de las formas institucionales implicada por la opción por una convertibilidad completa y supuestamente irreversible del peso en dólar. La apertura brutal al comercio y las finanzas internacionales lanza una fase de expansión alimentada por la abundancia de crédito, vinculada con entradas importantes de capitales.

Cuando de manera *endógena* la coyuntura económica se da vuelta, la economía argentina no dispone más de la autonomía de su política monetaria ni de su política de cambio, para reabsorber los desequilibrios anteriores. Tanto más en la medida en que, debido al endeudamiento del gobierno, la política presupuestaria se ve obligada a devenir procíclica. A pesar del desenganche completo del salario real respecto de la productividad, no es posible reabsorber los desequilibrios acumulados en el período de expansión. Empieza en 1998 una recesión que se prolonga hasta 2001, signo de una *crisis del modo de regulación*.

Pero es también una *crisis del régimen de acumulación*. En efecto, la modernización del sector exportador, ampliamente ligada a los productos de la agricultura, no alcanza para restaurar un excedente de la balanza comercial que permita reembolsar el endeudamiento en dólares de los agentes privados y del gobierno. La inversión directa se dirigió sobre todo al sector protegido, principalmente los servicios públicos que fueron privatizados. Esta asignación de capital hipoteca la estrategia, desesperadamente seguida desde el golpe de estado de 1976, que apuntaba a instaurar un régimen de crecimiento impulsado por las exportaciones.

La conjunción de estos factores de crisis designa una *gran crisis* o *crisis sistémica* y explica la simultaneidad de una crisis *financiera* (incapacidad del gobierno para honrar su deuda externa), *bancaria* (cierre de los bancos), *cambiaria* (brutal derrumbe de la convertibilidad), *social* (estallido del desempleo y acentuación de la pauperización, cólera de las clases medias a las que se les bloqueó el ahorro). La crisis se manifiesta violentamente en la esfera *política* mediante la inestabilidad gubernamental, la pérdida de legitimidad de las instituciones, la multiplicación de los movimientos populares de protesta e incluso un conflicto con las provincias obligadas a emitir su propia moneda para evitar la explosión social.

banco central. Esta función de consumo presenta propiedades *kaleckianas* cuando el patrimonio financiero es débil respecto del ingreso salarial: el consumo aumenta con el salario. En cambio, si la financiarización está muy desarrollada, la moderación salarial, al favorecer la rentabilidad, aumenta el valor bursátil, lo que en definitiva puede favorecer el consumo por el juego de un efecto de riqueza. De hecho, los efectos riqueza transitan por la facilidad del acceso al crédito, lo que no se toma en cuenta en esta formalización simplificada pero está presente en el esquema del gráfico 12.

Así puede iniciarse un círculo virtuoso: un aumento de la rentabilidad financiera estimula la Bolsa, lo cual motiva un aumento del consumo que a su vez estimula la inversión y compensa el efecto *a priori* negativo del aumento de las normas de rendimiento. El nivel de la producción es entonces la consecuencia de la evaluación financiera, lo que invierte las relaciones entre esfera real y esfera financiera prevalecientes en el fordismo.

Un régimen que puede ser viable,
pero a largo plazo inestable

A priori, se podría temer que semejante régimen basado en el optimismo de las anticipaciones nunca logre establecerse. Y, al contrario, una vez observada una fase de expansión impulsada por las finanzas –como fue el caso de Estados Unidos en los años 1990–, los analistas pueden concluir que la flexibilidad de las finanzas logró eliminar todo riesgo de crisis. La resolución de este modelo desmiente estas dos intuiciones ya que muestra las potencialidades, pero también los límites, de tal régimen.

Por un lado, cuando los efectos patrimoniales están muy desarrollados, y si los mercados financieros inducen la generalización de un comportamiento de inversión fuertemente determinado por la rentabilidad, entonces puede existir un *régimen virtuoso de crecimiento financiarizado*. En este régimen, una elevación de la norma de rentabilidad repercute en la riqueza de los hogares tal como se evalúa el mercado bursátil, lo que induce un crecimiento del consumo. Si las firmas son lo suficientemente reactivas a la demanda, este efecto de aceleración tiene un impacto positivo sobre la inversión, e incluso puede compensar el efecto restrictivo de una elevación de la norma de rentabilidad exigida por la comunidad financiera. *Mutatis mutandis*, este régimen es entonces claramente un sucesor potencial del modelo de desarrollo fordista; la dinámica bursátil reemplaza al salario como fuente de crecimiento acumulativo. Es el vuelco de la jerarquía de las formas institucionales en beneficio del régimen financiero lo que está en el corazón de este régimen.

GRÁFICO 12. Los encadenamientos de un régimen impulsado por las finanzas

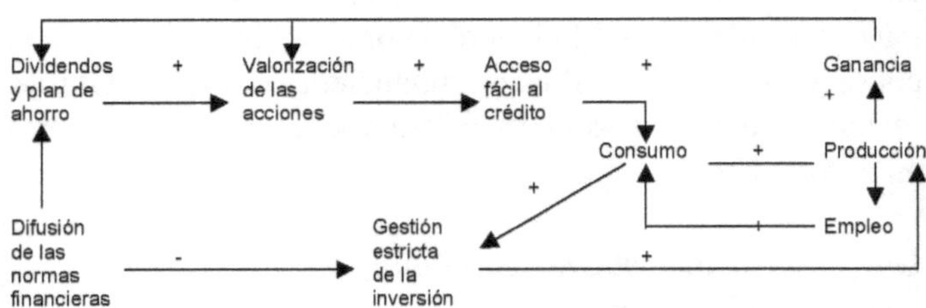

Demasiada flexibilidad salarial perjudica.- Pero su viabilidad supone que se satisfagan ciertas condiciones. En particular, es necesario que la *relación salarial no sea demasiado competitiva*, es decir que la remuneración real de los asalariados no esté condicionada de manera determinante por la evolución de la demanda. En efecto, demasiada flexibilidad salarial perjudica la estabilidad macroeconómica. Ahora bien, el vuelco de la jerarquía institucional, a su vez reflejo de la pérdida del poder de negociación de los asalariados, porta en germen la reintroducción de factores competitivos en la formación de los salarios. Un factor de crisis se introduce entonces en cuanto la financiarización se asocie con una desreglamentación marcada para el trabajo y la cobertura social.

Una crisis por endometabolismo.- Por otro lado, el desarrollo de los mercados financieros extiende mecánicamente la zona del régimen impulsado por las finanzas, pero simultáneamente acerca la economía a la zona de inestabilidad estructural. Existe entonces *un umbral a partir del cual la financiarización desestabiliza el equilibrio macroeconómico.* Volvemos a encontrar una interpretación general de las crisis en el interior de la teoría de la regulación. En efecto, se supuso perfectos a los mercados, de suerte que este tipo de crisis no es en absoluto la expresión de una imperfección o de una irracionalidad en el comportamiento de los actores. En este caso, la progresiva transformación de los parámetros característicos del modo de regulación, es decir el endometabolismo, termina por desestabilizar el régimen de crecimiento, mientras que los actores lo perciben como coronado de éxito y destinado a perpetuarse. Nuevamente, el éxito de la financiarización lleva a la crisis del régimen que impulsa.

El banco central, guardián de la estabilidad financiera.- Finalmente, este régimen de crecimiento financiarizado supone un cambio en los objetivos de la política monetaria. En efecto, para estabilizar este régimen de economía financiarizada, es importante que *las reacciones del instituto de emisión sean lo suficientemente rápidas* como para prevenir un desboque del crecimiento que lleve a una crisis. En este contexto, el movimiento de la tasa de interés es determinante para la estabilidad económica.

Estos resultados aclaran la coyuntura de los años 1990 en Estados Unidos. Un calibrado del modelo muestra, en efecto, que este país era probablemente el único que podía insertarse en un régimen de crecimiento financiarizado y que, en consecuencia, sería el primero en experimentar un nuevo tipo de crisis (Boyer, 2000b). De la misma manera, se le atribuyó a la política monetaria un papel determinante para tratar de evitar la emergencia de un desborde financiero, y cuando esto resultó imposible, para reactivar la economía mediante una baja rápida y radical de las tasas de interés.

El curso sorprendente de la burbuja de internet.- Finalmente, el hecho de que la crisis de la burbuja internet no desemboque en una depresión equivalente a la de los años 1930, o no repita la década perdida japonesa, se debe en parte a la resiliencia del sistema financiero. En sí misma es la consecuencia del progreso de la supervisión bancaria y de ciertas innovaciones como la "accionarización". Se designa así al agrupamiento de créditos de igual naturaleza y su conversión en obligaciones y productos derivados colocados en mercados financieros. El riesgo de crédito se transfiere así a los portadores de estos activos financieros, lo que aumenta la resiliencia de los bancos pero es susceptible de llevar a largo plazo a una crisis financiera mayor. En efecto, intervinientes en pequeña cantidad (compañías de seguros, empresas no financieras, etc.) pueden concentrar la mayor parte de la toma de riesgo, aunque no estén cubiertos por los procedimientos prudenciales o reglamentarios. Pueden por lo tanto poner en peligro al sistema financiero cuando se produce un brutal vuelco del mercado que seca su liquidez (Boyer, Dehove y Plihon, 2004). Así, las crisis bursátiles se suceden y no se parecen entre sí, ya que intervienen en modos de regulación y regímenes de acumulación distintos.

Las finanzas, factor de propagación de las crisis

Este régimen es portador de diversas fuentes de crisis, que se actualizan de manera diferente según el contexto institucional en el que interviene la liberalización financiera. Uno de los primeros factores de crisis corresponde a la tendencia a la divergencia entre el rendimiento económico del capital y el rendimiento financiero que realizan ciertos activos financieros.

La exigencia de un rendimiento excesivo.- La observación de rendimientos elevados, debidos por ejemplo a tasas de interés muy bajas, puede incitar a los agentes económicos a endeudarse más de lo razonable para beneficiarse con la distancia entre la rentabilidad de su capital y la tasa de interés, conforme a un efecto de palanca, muy presente en los años 1990 (Plihon, 2002). Así puede generalizarse una norma de rendimiento sin relación con la capacidad de génesis de ganancias por la economía "real". La formalización anterior (recuadro 14) muestra que existe en cada caso un *umbral* *para la rentabilidad exigida por los mercados financieros*: un nivel máximo si los efectos de aceleración de la inversión son débiles, y de manera opuesta un nivel mínimo si son importantes. Aparece así un límite al poder de los mercados financieros que, si no se respeta, introduce una serie de patologías macroeconómicas (inexistencia del equilibrio o inestabilidad).

Los regímenes fordianos son penalizados por la financiarización.- Un segundo resultado del modelo es que todas las economías no están interesadas en adoptar un régimen de crecimiento impulsado por las finanzas. En efecto, si la financiarización interviene en una *economía aún dominada por la sociedad salarial*, es decir que el ingreso del trabajo es el determinante esencial del modo de consumo, una elevación de la norma de rentabilidad tiene por el contrario un impacto negativo.

Este resultado permite interpretar la crisis japonesa de los años 1980, ya que la apertura a las finanzas internacionales de hecho deterioró tanto los rendimientos macroeconómicos como los indicadores de rentabilidad o de progreso del salario real. La economía alemana de los años 2000 también encuentra los límites de una financiarización en un régimen aún marcado por la centralidad de la relación salarial y el *dominio de la especialización industrial*.

La globalización financiera, factor de crisis para las economías dependientes.- En la medida en que para muchas economías la financiarización está asociada a la *apertura a los flujos internacionales de capitales* y, en mucho menor medida, a la modernización de la organización bancaria interna, se introduce una notable elasticidad de las fuentes de financiamiento, en ruptura respecto de las tendencias anteriores. En consecuencia, en los años 1990 se multiplicaron las secuencias que hacían alternar un período de expansión económica sin precedentes –ya que era impulsada por la abundancia del crédito– con un brutal vuelco inducido por salidas de capitales.

Con una intensidad y una gravedad variables se combinaron crisis bancarias y cambiarias, crisis inmobiliarias y bursátiles, bancarrotas bancarias y crisis de la deuda soberana. Así,

RECUADRO 14. Un régimen gobernado por las finanzas

(1)	$D = C + I$	Economía cerrada sin Estado ni intercambios exteriores	
(2)	$I = aK_{-1}.(r - \rho) + b.(D - D_{-1}) + i_0$	La inversión se forma en función de la distancia de la rentabilidad respecto de la norma financiera y un término de aceleración de demanda	*Formación de la demanda*
(3)	$C = a.MSR + b.W + co$	El consumo se fija en función de la masa salarial real y de la riqueza de los hogares	
(4)	$K = K_{-1}.(1-d) + I$	El stock de capital evoluciona en función de una tasa de obsolescencia y de la inversión	
(5)	$\bar{Q} = v.K$	La capacidad de producción se determina en función del stock de capital	*Interacción oferta/demanda*
(6)	$Q = Inf(\bar{Q}, D)$	El nivel de la producción está fijado por el corto plazo, o bien las capacidades o bien la demanda efectiva	
(7)	$r = \dfrac{Q - MSR}{K_{-1}}$	La tasa de ganancia se forma a partir del excedente bruto sobre el stock de capital	*Distribución del ingreso*
(8)	$W = q.\dfrac{Q - MSR}{i}$	La riqueza se evalúa a partir de las ganancias, teniendo en cuenta la tasa de interés y el q de Tobin	
(9)	$MSR = f.Q - e.r + wo$	La masa salarial real crece con la demanda pero decrece con la norma financiera	
(10)	$\rho = \bar{\rho}$	La norma de rentabilidad es fijada por los mercados financieros	
(11)	$q = \bar{q}$	El q de Tobin se supone exógeno	*Variables financieras y monetarias*
(12)	$i = jo + \psi\left(\dfrac{W}{Q} - r^*\right)$	El instituto de emisión fija la tasa de interés para evitar la formación de burbujas financieras	
(13)	$r^* = (Q, y)$	La relación de la riqueza con el ingreso es función del nivel de desarrollo y de una variable discrecional apreciada por el instituto de emisión	

Variables endógenas (11): D, C, 1, r, MSR, W, K, Q, i, r*

Variables exógenas (2): Todos los parámetros a, b, a, b, v, d, f, e, y son positivos o nulos.

la globalización financiera vino a perturbar modos de desarrollo que no estaban desprovistos de tensiones ni contradicciones, pero cuya viabilidad resultó brutalmente comprometida debido a la erosión de la mayoría de las formas institucionales causada por las finanzas y de la llegada a los límites del modo de regulación, frente a la novedad y la amplitud del *shock* de la financiarización (gráfico 13).

GRÁFICO 13. La liberalización financiera de los países dependientes: una desestabilización de la mayoría de los regímenes de crecimiento

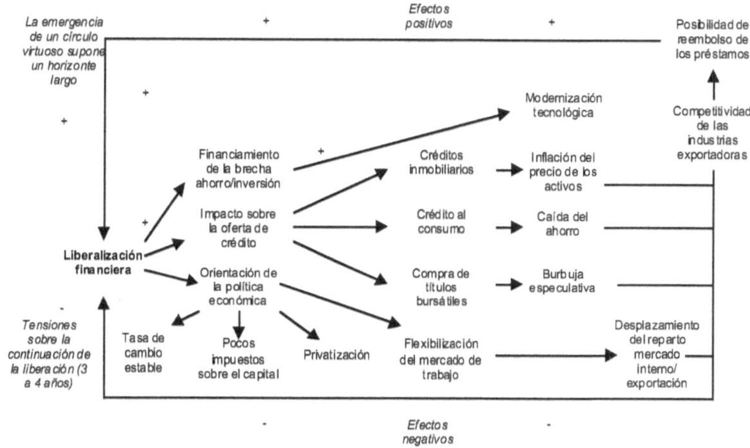

La incoherencia de un régimen de acumulación, disimulada un tiempo por la plasticidad de las finanzas globalizadas

Hay otra forma de impacto de las finanzas sobre la génesis de una crisis mayor. En efecto, cuando un país se abre completamente a las finanzas internacionales y en cuanto su política económica se conforma a la ortodoxia, por ejemplo la del consenso de Washington, ve afluir capitales que se dirigen a los sectores más rentables, a menudo aquellos protegidos de la competencia internacional como los servicios colectivos, el sector inmobiliario o el financiamiento de la deuda pública. Los agentes domésticos se endeudan en moneda extranjera, mientras el auge del crédito sólo desarrolla las capacidades de producción del sector protegido favoreciendo al mismo tiempo el consumo, lo que en una economía abierta al comercio internacional estimula las importaciones.

Las distorsiones asociadas con los flujos de capitales.- Por contraste, las inversiones directas sólo desarrollan con el devenir la capacidad exportadora, suscitando al mismo tiempo a corto-mediano plazo la importación de bienes de equipamiento y de productos intermedios. Si se agrega que la apertura a la competencia internacional tiene primero como efecto producir la bancarrota o la reestructuración de empresas domésticas devenidas no competitivas, el déficit comercial se deteriora aún más. Basta entonces que las expectativas de los mercados financieros se den vuelta para que brutalmente el flujo del capital se invierta y aparezca una crisis financiera que afecte simultáneamente a los bancos y a la tasa de cambio.

Pero su origen no es necesariamente una mala gestión de los bancos o una política monetaria y presupuestaria laxa: de hecho, es la incapacidad del cierre de un régimen de acumulación impulsada por las exportaciones y sometida a la globalización financiera la que explica la gravedad de una crisis. Aparece como sistémica, ya que se conjugan derrumbe cambiario, bancarrota o cierre del sistema bancario y, a veces, crisis de la deuda pública.

El derrumbe de la Argentina.-Estos son los encadenamientos que llevan al derrumbe de la economía argentina. Aparentemente este país había encontrado en los años 1990 un régimen de crecimiento compatible con el libre cambio y la globalización financiera. Convertido en el buen alumno del consenso de Washington en la segunda mitad de los años 1990, este país se había dotado de un sistema moderno de supervisión bancaria y se beneficiaba con la credibilidad asociada a la elección de una tasa de cambio fija e irreversible con el dólar.

De hecho, la adaptación a la competencia internacional resultó más destructora que creadora de capacidades competitivas. La crisis financiera traduce la incoherencia de un régimen de acumulación para un país en el que el sector exportador tiene un tamaño modesto, mientras que para sostener este régimen el país se ve obligado a endeudarse de manera acumulativa. En un sentido, los notables desempeños de la economía argentina de 1993 a 1997 disimulan los desequilibrios estructurales que la liberalización no logra superar.

Así, la trayectoria argentina testimonia una forma original de crisis (recuadro 13). No sólo interviene la prociclicidad de las entradas de capitales, que lanza una fase de expansión alimentada por el crédito, sino que esta facilidad de acceso al crédito disimula por un tiempo la no viabilidad del régimen de acumulación implicado por una configuración institucional sin precedente. La adopción de la convertibilidad (*currency board*), la libertad completa de movimientos de capitales y la liberalización del mercado interno eliminan la capacidad de reacción frente a los imprevistos de la economía internacional. Más aún, estos cambios institucionales comprometen a la economía argentina en un camino caracterizado por desequilibrios crecientes del régimen de acumulación, disimulado por un tiempo por las entradas masivas de capitales.

Conclusión:
recurrencia de las crisis, cambio de sus formas

Desde su origen la teoría de la regulación acordó un lugar central al análisis de las crisis. A partir de la observación del atascamiento del régimen de crecimiento fordista, las investigaciones se dedicaron a proporcionar un análisis histórico de la sucesión de grandes crisis. En los años 1980 y 1990 la multiplicación de las crisis y su carácter sorprendente renovaron el interés de los economistas por la formalización de las crisis financieras y una vuelta sobre su historia, aportando muchos resultados e intuiciones. Sin embargo, la problemática regulacionista conserva su originalidad.

En primer lugar, propone una serie de definiciones originales de las crisis como llegada al límite de un modo de regulación y/o un régimen de acumulación. Toda crisis es la consecuencia de un proceso temporal y no la constatación de una imperfección respecto de una economía de mercado en equilibrio. Esta diferencia de apreciación deriva del hecho de que el punto de partida de la teoría es el concepto de capitalismo y no la referencia a una economía compuesta por mercados independientes.

Luego, la teoría se inscribe en un proyecto de macroeconomía institucional e histórica. La mayoría de los macroeconomistas se sorprendieron al constatar que las crisis bursátiles se suceden y no se parecen, o que los motores de la crisis asiática no son los mismos que los observados en América Latina en los años 1980. Por su parte, la teoría de la regulación se inscribe en el linaje de los trabajos de historia económica y financiera que consideran que "cada economía tiene las crisis de su estructura". De manera más precisa, a cada modo de regulación le corresponden formas bien precisas de pequeña o gran crisis. De la misma manera, si las crisis se suceden y no se parecen, es que al ser el capitalismo innovación, institucional y tecnológica, diferentes regímenes de acumulación pueden sucederse en el tiempo y coexistir en el espacio.

Finalmente, las nuevas teorías macroeconómicas parten del postulado de la estabilidad de un equilibrio económico, de suerte que las crisis aparecen necesariamente como anomalías o curiosidades. Dentro de la teoría de la regulación, el análisis de las consecuencias de las formas institucionales sobre la naturaleza de los ajustes económicos deja abierta la cuestión de la viabilidad de un régimen económico o, por el contrario, de su incoherencia y su próxima entrada en crisis (gráfico 14). Regulación y crisis son las dos caras de una misma problemática.

GRÁFICO 14.   La arquitectura de las nociones de base de la teoría de la regulación

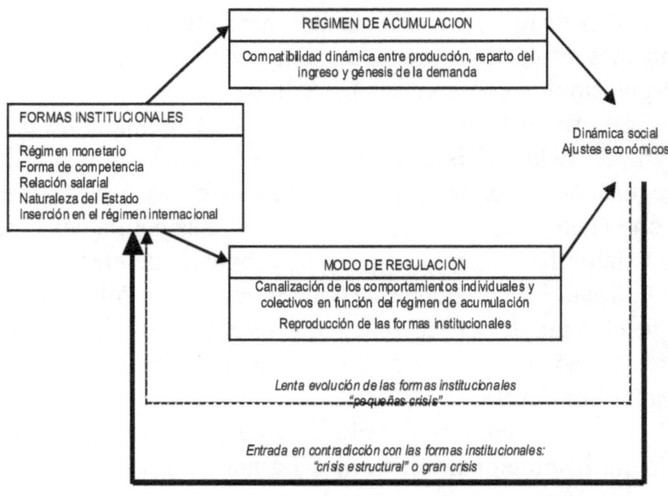

     Robert Boyer / CRISIS Y REGÍMENES DE CRECIMIENTO

Conclusión

Anomalías en busca de explicaciones

Sin embargo, en los años 1970, las situaciones de estanflación, es decir de aceleración de la inflación y simultáneamente de desaceleración económica, ¿se generalizaron? Los *shocks* petroleros ¿serían los equivalentes modernos de las sequías que sufrían las sociedades rurales hasta el siglo XVIII? Mientras que en la historia se repiten derrumbes brutales de la Bolsa ¿cómo explicar que sus consecuencias económicas sean tan diferentes a lo largo del tiempo? En Estados Unidos ¿no se observa sucesivamente una depresión y una deflación de 1929 a 1932, una recuperación económica y una ligera inflación después de 1987, una recesión y el mantenimiento de una inflación moderada cuando la burbuja de internet estalla en 2001? ¿Por qué, desde entonces, la evolución de la economía estadounidense no reproduce la cuasi estanflación y la tendencia a la deflación observadas en los años 1990 en Japón?

Tales son algunas de las preguntas que privilegia la teoría de la regulación. En efecto, su interrogante central se refiere al cambio: ¿cómo explicar que las mismas causas no tengan en todas partes y siempre las mismas consecuencias? La respuesta es simple: modo de regulación y régimen de acumulación varían en el tiempo y el espacio, ya que el capitalismo es fundamentalmente una puesta en movimiento de la historia mediante la innovación tecnológica e institucional.

Del buen uso del concepto "capitalismo"

La referencia al concepto tan cargado de capitalismo ¿implica que prevalecen tendencias transhistóricas y globales que explicarían la sucesión de los regímenes de acumulación? Aunque derivada de las intuiciones de Marx, la teoría de la regulación responde negativamente a la idea de leyes de evolución inmanentes al capitalismo. El desarrollo de las fuerzas productivas no determina la dinámica de las relaciones sociales. Los regímenes de acumulación no están todos condenados a chocar con la caída tendencial de las tasas de ganancia. Tampoco es ineluctable que se imponga un régimen de acumulación en escala mundial.

En efecto, es importante especificar la forma precisa que asumen las relaciones sociales capitalistas, tal como son moldeadas por los conflictos sociales y políticos, la competencia de los espacios nacionales, o incluso las grandes crisis que marcan el desarrollo de este sistema económico. De esta multiplicidad de factores que moldean la configuración de las formas institucionales derivan dos resultados importantes.

La paradoja del origen de las instituciones económicas

En primer lugar, la mayoría de las instituciones de base de una economía tienen un *origen extraeconómico*, generalmente político. El régimen monetario está claramente asociado con la soberanía política, aun cuando es la base de las relaciones de mercado. El Estado dista de tener como lógica única favorecer la acumulación y ser la expresión de una clase dominante, la de los capitalistas-empresarios. Fundamentalmente, resulta de la conjunción de compromisos institucionalizados, a su vez reflejo de coaliciones políticas a menudo contingentes.

La orientación y eficacia de las herramientas tradicionales de la política económica resultan reevaluadas. Así, la relación salarial, expresión de la subordinación de los asalariados, bajo la apariencia de una relación de mercado igualitaria, es el soporte de conflictos y antagonismos que desembocan en compromisos. Es por eso que la existencia y viabilidad de un modo de regulación y de un régimen de acumulación son siempre contingentes y deben ser probadas por la experiencia.

En segundo lugar, es así como se explican la transformación en la historia de los modos de regulación y la variedad de estos últimos en una época determinada. Los mismos factores que están en el origen de la coherencia de una arquitectura institucional pueden poner en movimiento tendencias a la alteración de las diversas formas institucionales, desembocando con el tiempo en una crisis. Un segundo origen de las grandes crisis está en el hecho de que, frente a innovaciones supuestamente radicales –técnicas, organizacionales, institucionales– ningún ingeniero de sistema está presente para asegurar *ex ante* la viabilidad de los ajustes económicos que encuadran una acumulación por naturaleza problemática y portadora de conflictos. La diversidad de los modos de regulación contemporáneos no es más que la expresión condensada de la especificidad de las trayectorias nacionales en cuanto a la constitución en la historia de los compromisos institucionalizados y de las formas institucionales.

Una macroeconomía institucional e histórica

Es así como, en definitiva, se presenta la teoría de la regulación. A este respecto, conjuga diversos métodos: análisis institucional, estudio estadístico y luego econométrico, formalización de los ajustes asociados con las diversas formas institucionales, análisis de las propiedades de conjunto de los modos de regulación, formalización de las diversas escalas de tiempo en modelos no lineales. No es sorprendente que los regulacionistas recusen la utilización demasiado fácil de un agente representativo para insistir sobre la polarización de los grupos y sus conflictos de interés. La racionalidad es raramente sustancial y completa, ya que siempre está institucional e históricamente situada. Además, al modelo normativo de la teoría neoclásica que asimilaría todas las relaciones económicas a relaciones de competencia en mercados ideales, la teoría de la regulación opone la jerarquía de las formas institucionales como reflejo de relaciones de poder, expresándose en coaliciones políticas. Finalmente, el tiempo cinemático de los modelos no se confunde jamás con el tiempo histórico, ya que las regularidades que el economista piensa poner en evidencia son en su mayoría contingentes y limitadas a una época circunscripta.

El economista, moderno Sísifo

Joan Robinson tenía la costumbre de destacar una paradoja en el corazón del trabajo de los economistas: en cuanto terminan de captar los lineamientos de un régimen de crecimiento sobreviene una crisis que vuelve caducos sus análisis sobre un período superado. Tal es por otra parte el talón de Aquiles de la teoría de la regulación. Al dudar –con pruebas– de la existencia de leyes económicas transhistóricas, no deja de tratar de reducir, sin lograrlo siempre, el tiempo que separa la percepción de cambios potencialmente fundamentales, por naturaleza difíciles de descifrar, de la puesta en claro de eventuales nuevos modos de regulación. El reconocimiento de esta brecha se percibe a menudo como una debilidad insalvable y la prueba de una falta de cientificidad. Podría ser, por el contrario, su rasgo distintivo y la fuerza de su metodología.

La presente publicación habrá cumplido su objetivo si lograra convencer al lector de las potencialidades de esta problemática no reductible a un análisis del fordismo, aun cuando haya desempeñado un gran papel en su emergencia y difusión. Gracias a su inmersión en el tiempo largo de la historia y la atención prestada a las relaciones de lo político y lo económico, la teoría de la regulación ¿no contribuye a volver inteligibles muchas de las transformaciones contemporáneas? El segundo volumen de esta serie se dedicará a la presentación de los desarrollos más recientes de este programa de investigación.

Cronología: orígenes y etapas
de la teoría de la regulación

Comienzo de   Economistas trabajando para la administración
los años 1970   económica francesa (INSEE, Dirección de previsión),
autores de modelos macroeconómicos (Bernard
Billaudot (DECA), Michel Aglietta (FIFI), Robert Boyer,
Jacques Mazier (STAR), observan una ruptura de las
regularidades económicas a partir de 1967: lento pero
constante aumento del desempleo en Francia, aceleración
general de la inflación, desaceleración del crecimiento
después del primer *shock* petrolero. Inspirados por Michal
Kalecki, Nicholas Kaldor, Joan Robinson, y atraídos por
un análisis de largo período de las transformaciones del
capitalismo, procedieron a una evaluación crítica del
poder explicativo de las hipótesis marxistas.
Por su lado, economistas inspirados por Paul Boccara
(1974) se agruparon en el Grupo de Investigación sobre
la regulación de la economía capitalista (*Groupe de
recherche sur la régulation de l'économie capitaliste*
GREEC), dirigido por Gérard Destanne de Bernis,
y formularon el proyecto idéntico de analizar las
transformaciones del capitalismo contemporáneo.
Este último grupo toma del epistemólogo Georges
Canguilhem (1974) la noción de regulación y le da un
nuevo sentido.
Michel Aglietta publica *Régulation et crise du
capitalisme* (Regulación y crisis del capitalismo), obra
fundadora de una rama de la teoría de la regulación que
se distingue progresivamente de la filiación del CME.
La crisis de los años 1970 es la del fordismo, régimen
en el que el consumo de los asalariados es el motor del
crecimiento, debido a las transformaciones mayores
intervenidas en las convenciones colectivas, la gestión
de una moneda de crédito y las formas de competencia
entre empresas conglomerales.
Un grupo de economistas del CEPREMAP confirma para
Francia el diagnóstico de Michel Aglietta para Estados
Unidos. A la regulación competitiva del siglo XIX y del
período entre guerras sucede la regulación monopolista
del fordismo; el período entre guerras constituye una
etapa bisagra marcada por la crisis de 1929.
CEPREMAP-CORDES: *Approches de l'inflation*
(Aproximaciones a la inflación).

	Robert Boyer, Jacques Mistral: *Accumulation, inflation, crises* (Acumulación, inflación, crisis).
	Alain Lipietz: *Crises et inflation, pourquoi?* (Crisis e inflación, ¿por qué?)
Años 1980	Estos primeros resultados estimulan la reflexión sobre los fundamentos teóricos de la regulación (teoría del mimetismo de René Girard, análisis del Estado, luchas de clasificación y después sólo de clase).
	Michel Aglietta, André Orléan: *La violence de la monnaie* (La violencia de la moneda).
	Robert Delorme, Christine André: *L'Etat et l'économie* (El Estado y la economía).
	Michel Aglietta, Anton Brender: *Les métamorphoses de la société salariale* (Las metamorfosis de la sociedad salarial).
	La multiplicación de los estudios comparativos y análisis históricos de largo plazo revela la variedad de regímenes de acumulación, a pesar de la insistencia de ciertos autores en hacer del fordismo un modelo potencialmente universal.
	Maurice Baslé, Jacques Mazier, Jean-Francois Vidal: *Quand les crises durent...* (Cuando las crisis duran...).
	Jacques Sapir: *Les fluctuations économiques en URSS* (Las fluctuaciones económicas en URSS).
	Alain Lipietz: *Mirages et miracles* (Espejismos y milagros).
	Carlos Ominami: *Le Tiers Monde dans la crise* (El Tercer Mundo en la crisis).
	Robert Boyer (dir.): *La flexibilité du travail en Europe* (La flexibilidad del trabajo en Europa).
	Pascal Petit: *Slow growth in a service economy* (Crecimiento lento en una economía de servicios).
	De donde surge una primera síntesis de una década de investigaciones:
	Robert Boyer: *Théorie de la régulation. Une analyse critique* (Teoría de la regulación. Un análisis crítico).
	Las trayectorias de las escuelas de Grenoble y de París tienden a divergir:
	GREEC: *Crise et régulation* (Crisis y regulación).
	Robert Boyer (dir.): *Capitalismes fin de siècle* (Capitalismos fin de siglo).
1988	Coloquio internacional de Barcelona sobre la teoría de la regulación. Cf. Robert Boyer (1988b): *Les théories de la régulation: Paris, Barcelone, New York...* (Las teorías de la regulación: París, Barcelona, Nueva York...).
Años 1990	Segunda fase de profundización de las nociones de base y especialización de las investigaciones según

los ámbitos: posfordismo, teoría del Estado, finanzas,
vinculación de la teoría de las convenciones con la
teoría de la regulación...

1991	Benjamin Coriat: *Penser à l'envers* (Pensar al revés).
1992	Bruno Théret: *Régimes économiques de l'ordre politique* (Regímenes económicos del orden político).
1993	Robert Boyer, Jean-Pierre Durand: *L'après-fordisme* (El posfordismo).
1994	André Orléan: *Analyse économique des conventions* (Análisis económico de las convenciones). Bruno Théret: *L'Etat, la finance, le social* (El Estado, las finanzas, lo social), del que hay una síntesis que reúne a 45 autores en:
1995	Robert Boyer, Yves Saillard (dir.): *Théorie de la régulation. L'état des savoirs* (Teoría de la regulación: estado de los conocimientos). La amplitud de las transformaciones institucionales de los años 1990 lleva a un desplazamiento de los centros de interés: internacionalización, construcción europea, integración regional; financiarización de la acumulación; hipótesis de inversión de la jerarquía de las formas institucionales.
1996	Bernard Billaudot: *L'ordre économique de la société moderne* (El orden económico de la sociedad moderna).
1997	• *L'année de la régulation* nº 1: *Europe et méthodologie des comparaisons internationales* (Europa y metodología de las comparaciones internacionales). Frédéric Lordon: *Les quadratures de la politique économique* (Las cuadraturas de la política económica).
1998	• *L'année de la régulation* nº 2: *Economie politique internationale et changements institutionnels* (Economía política internacional y cambios institucionales), con Pascal Petit: "Formes structurelles et régimes de croissance" (Formas estructurales y regímenes de crecimiento). Michel Aglietta: *Le capitalisme de demain. La monnaie souveraine* (El capitalismo del futuro. La moneda soberana) con André Orléan.
1999	• *L'année de la régulation* nº 3: *Politique économique* (Política económica). Bernard Chavance *et al.*: *Capitalisme et socialisme en perspective* (Capitalismo y socialismo en perspectiva). André Orléan: *Le pouvoir de la finance* (El poder de las finanzas).
Años 2000	Posicionamiento de las investigaciones regulacionistas en referencia a las diversas corrientes institucionalistas, recepción por parte de la comunidad internacional,

proyecto de macroeconomía institucional e histórica,
controversias sobre la viabilidad de un régimen de
acumulación impulsado por las finanzas, impacto de la
internacionalización sobre la diversidad de formas del
capitalismo, confrontación con los análisis en términos
de variedad de capitalismos, atención creciente a la
formación de las políticas económicas y las condiciones
del éxito de las reformas institucionales.

2000
• *L'année de la régulation*, n° 4: *Fonds de pension et
"nouveau capitalisme"* (Fondos de pensión y "nuevo
capitalismo").
Robert Boyer, Toshio Yamada: *Japanese capitalism in
crisis* (Capitalismo japonés en crisis).

2001
• *L'année de la régulation*, n° 5: *Economie politique du
développement* (Economía política del desarrollo).
Bernard Billaudot: *Régulation et croissance* (Regulación
y crecimiento).
Robert Boyer, Pierre-François Souiry: *Mondialisation et
régulations* (Mundialización y regulaciones).
Bob Jessop: *Regulation theory and the crisis of
capitalism* (Teoría de la regulación y la crisis del
capitalismo), un ejemplo de la dificultad de difusión en
el mundo anglosajón de la teoría de la regulación por
parte de sus iniciadores.
Stefano Palombarini: *La rupture du compromis social
italien* (La ruptura del compromiso social italiano).

2002
• *L'année de la régulation*, n° 6: *Economie politique du
capitalisme* (Economía política del capitalismo).
Robert Boyer: *La croissance début de siècle* (El
crecimiento principios de siglo).

2003
• *L'année de la régulation*, n° 7: *Les institutions et leurs
changements* (Las instituciones y sus cambios).
Bruno Amable: *Diversity of modern capitalism*
(Diversidad del capitalismo moderno).
Toma de conciencia de las diferencias entre los
programas de investigación regulacionista y
convencionalista: ¿incorporación de la ética o economía
política de las instituciones?

2004
• *L'année de la régulation*, n° 8: *Idées et espaces* (Ideas
y espacios).
Robert Boyer: *Une théorie du capitalisme est-elle
possible?* (¿Es posible una teoría del capitalismo?).
Michel Aglietta, Antoine Rebérioux: *Dérives du capital
financier* (Derivas del capital financiero).

Referencias bibliográficas[1]

AGLIETTA M. (1976), *Régulation et crises du capitalisme*, Calmann-Lévy, París.

AGLIETTA M. (1995), *Macroéconomie financière*, tomos 1 y 2, La Découverte, París.

AGLIETTA M. (1998), "Le capitalisme de demain", *Notes de la Fondation Saint-Simon*, París, noviembre.

AGLIETTA M., BRENDER A. (1984), *Les métamorphoses de la société salariale. La France en projet*, Calmann-Lévy, París.

AGLIETTA M., ORLÉAN A. (1982), *La violence de la monnaie*, PUF, París.

AGLIETTA M., ORLÉAN A. (dir.) (1998), *La monnaie souveraine*, Odile Jacob, París.

AGLIETTA M., ORLÉAN A. (2002), *La monnaie: entre violence et confiance*, Odile Jacob, París.

AGLIETTA M., REBÉRIOUX A. (2004), *Dérives du capitalisme financier*, Albin Michel, París.

AKERLOF G. (1984), *An economic theorist's book of tales*, Cambridge University Press, Cambridge.

AMABLE B. (2003), *The diversity of modern capitalism*, Oxford University Press, Oxford.

AMABLE B., BARRÉ R., BOYER R. (1997), *Les systèmes d'innovation à l'ère de la globalisation*, OST/ Economica, París.

AOKI M. (2002), *Toward a comparative institutional analysis*, MIT Press, Cambridge.

ARTHUR B. (1994), *Increasing returns and path dependence in the economy*, The University of Michigan Press, Ann Arbor.

BARAN P., SWEEZY P. (1970), *Le capitalisme monopoliste*, Maspero, París.

---

[1] Para conocer más del tema se puede consultar el sitio web de la asociación *Recherche & Régulation*, que agrupa a los investigadores interesados por la teoría de la regulación: [http://www.upmf-grenoble.fr/irepd/regulation/]. La asociación publica una revista anual, *L'année de la régulation*. Los cuatro primeros números (1997-1998-1999-2000), agotados, fueron publicados por ediciones La Découverte. Los artículos pueden bajarse de: [http://www.upmf-grenoble.fr/irepd/regulation/Annee_regulation/index.html]. Los números siguientes (2001 a 2004) pueden encargarse en ediciones Presses de Sciences-Po (44, rue du Four-75006, París, info.presse@sciences-po.fr, www.sciences-po-fr/edition/). La asociación difunde desde 1991 un boletín de información trimestral, *La Lettre de la régulation* (existen versiones en inglés y en español), descargable de: [http://www.upmf-grenoble.fr/irepd/regulation/Lettre_regulation/index.html]. También se pueden conocer más trabajos del autor en: [http://www.cepremap.ens.fr/~~boyer/].

BASLÉ M., MAZIER J., VIDAL J. F. (1984), *Quand les crises durent...*, Economica, París.

BÉBÉAR C. (2003), *Ils vont tuer le capitalisme*, París, Plon.

BÉNASSY J. P. (1984), *Macroéconomie et théorie du déséquilibre*, París, Dunod.

BÉNASSY J.P., BOYER R., GELPI R. M. (1979), "Régulation des économies capitalistes et inflation", *Revue économique*, vol. 30, n° 3, mayo.

BERLE A. A., MEANS G. (1932), *The modern corporation and private property*, Transaction Publishers, The State University, New Brunswick.

BERNIS D. de (1977), "Une alternative à l'hypothèse de l'équilibre économique général: la régulation de l'économie capitaliste", GREEC.

BERTOLDI M. (1989), "The growth of taiwanese economy: 1949-1989. Success and open problems of a model of growth", *Review of Currency Law and International Economics*, vol. 39, n° 2.

BERTRAND H. (1983), "Accumulation, régulation, crise: un modèle sectionnel théorique et appliqué", *Revue Economique*, vol. 34, n° 6, marzo.

BILLAUDOT B. (1996), *L'ordre économique de la société moderne*, París, L'Harmattan.

BILLAUDOT B. (2001), *Régulation et croissance. Une macroéconomie historique et institutionnelle*, París, L'Harmattan.

BILLAUDOT B., GAURON A. (1985), *Croissance et crise*, París, La Découverte.

BLAIR M. M. (2003), "Shareholder value, corporate governance and corporate performance" en CORNELIUS P. K., KOGUT B. (dir.). *Corporate governance and capital flows in a global economy*, Oxford University Press, Oxford.

BOCCARA P. (1974), *Etudes sur le capitalisme monopoliste d'Etat*, Editions sociales, París.

BOUVIER J. (1989), *L'historien sur son métier*, Editions des archives contemporaines, París.

BOWLES S., GORDON D. M., WEISKOPF T. E. (1986), *L'économie du gaspillage. La crise américaine et les politiques reaganiennes*, La Découverte, París.

BOWLES S., BOYER R. (1990), "Notes on employer collusion, centralized wage bargaining and aggregate employment", en BRUNETTA R. y DELL'ARINGA C., *Labour relations and economic performances*, Mc Millan, Londres.

BOWLES S., BOYER R. (1995), "Wages aggregate demand, and employment in an open economy: a theoretical and empirical investigation", en EPSTEIN G., GINTIS H. (dir.), *Macroeconomic policy after the conservative era: studies in investment, saving and finance*, Oxford University Press, Oxford.

BOYER R. (1978), "Les salaires en longue période", *Economie et Statistique* n° 103, septiembre, pp. 27-57.

BOYER R. (1986a), *Théorie de la régulation. Une analyse critique*, La Découverte, París.

BOYER R. (dir.) (1986b), *La flexibilité du travail en Europe*, La Découverte, París.

BOYER R. (coord.) (1986c), *Capitalismes fin de siècle*, PUF, París.

BOYER R. (1988a), "Formalizing growth regimes", en DOSI G., FREEMAN C., NELSON R., SILVERBERG G. y SOETE L. (dir.), *Technical change and economic theory*, Pinter, Londres.

BOYER R. (1988b), "Les théories de la régulation: Paris, Barcelone, New York… Réflexions autour du Colloque international sur les théories de la régulation", Barcelona, 16-17-18 junio, *Revue de synthèse* n° 2, abril-junio, pp. 277-291.

BOYER R. (1989), "Wage labour nea xus, technology and long run dynamics: an interpretation and preliminary tests for the US", en DI MATEO M., GOODWIN R. M. y VERCELLI A. (dir), *Technological and Social Factors in Long Term Fluctuations, Lecture Notes in economics and mathematical systems* n° 321. Springer Verlag, Herlin, pp. 46-65.

BOYER R. (1990), "Le bout du tune nel? Stratégies conservatrices et nouveau régime d'accumulation", *Economies et sociétés*, série Théorie de la régulation, R, n° 5, diu ciembre, pp. 5-66.

BOYER R. (1994), "Do Labour Instib tutions Matter for Economie Development?" en RODGERS G. (dir.), *Workers, institutions and economic growth in Asia*, ILO/ILLS, Genève, pp. 25-112.

BOYER R. (1999), "Le lien salaire/emploi dans la théorie de la régulation. Autant de relations que de configurations institutionnelles", *Cahiers d'économie politique*, n° 34, L'Harmattan, París, pp. 101-161.

BOYER R. (2000a), "Les mots et les réalités", en CORDELIER S. (dir.), *Mondialisation, au-delà des mythes*, La Découverte, París, pp. 13-56.

BOYER R. (2000b), "Is a Financeled Growth Regime a Viable Alternative to Fordism? A preliminary analysis", *Economy and Society*, vol. 29, n° 1, febrero, pp. 111-145.

BOYER R. (2002a), "L'après-consensus de Washington: institutionnaliste et systémique?", *L'Année de la régulation 2001-2002*, Presses de Sciences Po, vol. 5, pp. 13-56.

BOYER R. (2002b), *La croissance, début de siècle. De l'octet au gène*, Albin Michel, París.

BOYER R., CORIAT B. (1985), "Marx, la technique et la dynamique longue de l'accumulation", in CHAVANCE B. (dir.). *Marx en perspective*, Éditions de l'EHESS, París, pp. 419-457.

BOYER R., DEHOVE M., PLIHON D. (2004), *Les Crises financières: analyse et proposition, Rapport du Conseil d'analyse économique*, La Documentation française, París.

BOYER R., DURAND J-P. (1993), *L'Après-fordisme*, Syros, París.

BOYER R., FREYSSENET M. (2000), *Les modèles productifs*, La Découverte, coll. Repères, París.

BOYER R., JUILLARD M. (2002), "Les États-Unis: Adieu au fordiss me!" en BOYER R., SAILLARD Y. (dir.), *Théorie de la régulation. L'état des savoirs*, La Découverte, París.

BOYER R., MISTRAL J. (1982), *Accumulation, inflation, crises*, PUF, París.

BOYER R., ORLEAN A. (1991), "Les transformations des conventions salariales entre théorie et histoire", *Revue économique*, n° 2, marzo, pp. 233-271.

BOYER R., SAILLARD Y. (dir.) (2002), *Théorie de la régulation: l'état des savoirs*, La Découverte, París, nueva edición actualizada.

BOYER R., SCHMEDER G. (1990), "Un retour à Adam Smith", *Revue française d'économie*, vol. S, n° 1, invierno, pp. 125-159.

BOYER R., SOUIRY P.-F (dir.) (2001), *Mondialisation et régulation*, La Découverte, París.

BOYER R., YAMADA T. (dir.) (2000), *Japanese Capitalism in Crisis*, Routledge, Londres.

BRAUDEL F. (1979), *Civilisation matérielle, économie et capitalisme,*

XV-VXVIII siècles, 3 tomes, Armand Colin, París.

BUECHTEMANN C. H. (dir.) (1993), *Employment security and labor market behavior*, Cornell University Press, Ithaca.

CANGUILHEM G. (1974), "Régulation", *Encyclopaedia Universalis*, vol. 14.

CEPREMAP-CORDÈS (1977), "Approches de l'inflation: l'exemple français", BENASSY J.P., BOYER R., GELPI R.M., LIPIETZ A., MISTRAL J., MUNOZ J., OMINAMI C., *Rapport de la convention de recherche*, n° 2211 76, diciembre.

CEPREMAP-CORDÈS (1978), "Approches de l'inflation: l'exemple français", *Recherches économiques et sociales*, n° 12, La Documentation française, octubre, pp. 7-59.

CHAVANCE B., MAGNIN E., MOTAMED-NEJAD R., SAPIR J. (1999), *Capitalisme et socialisme en perspective. Evolution et transformations des systèmes économiques*, La Découverte, París.

CORIAT B. (1991), *Penser à l'envers*, Bourgois, París.

CORIAT B. (1995), "La France: un fordisme brisé... sans successeur", en BOYER R., SAILLARD Y. (dir.), *Théorie de la régulation: l'état des savoirs*, La Découverte, pp. 389-397.

CORIAT B., WEINSTEIN O. (1995), *Les nouvelles théories de l'entreprise. Une présentation critique*, Le Livree de Poche, Hachette, París.

DEBREU G. (1954), *La théorie de la valeur*, Dunod, París.

DEFALVARD H. (2000), "L'économie des conventions à l'école des institutions", Document de travail, Centre d'études de l'emploi, Noisy-le-Grand, n° 02, julio.

DELORME R. (dir.) (1996), *À l'Est du nouveau. Changements institutionnels et transformations économiques*, L'Harmattan, París.

DELORME R., ANDRÉ C. (1983), *L'État et l'économie. Un essai d'explication de l'évolution des dépenses publiques en France, 1870-1980*, Seuil, París.

DUMENIL G., LEVY D. (2002), *Économie marxiste du capitalisme*, La Découverte, col. Repères, París.

EYMARD-DUVERNAY F. (1989), "Conventions de qualité et formes de coordination", *Révue économique*, vol. 40, pp. 329-259.

EYMARD-DUVERNAY F. (2004), *Economie politique de l'entreprise*, La Découverte, col. Repères, París.

FLIGSTEIN N. (1990), *The transformation of corporate control*, Harvard University Press, Cambridge (Mass.).

GARCIA M. F. (1986), "La construction sociale d'un marché parfait: le marché au cadran de Fontaines-en-Sologne", *Actes de la recherche en sciences sociales*, n° 65, noviembre, pp. 2-13.

GRREC (1983 y 1991), *Crise et régulation. Recueils de textes*, tomo 1 1979-1983, y tomo 2: 1983-1989, université de Grenoble-2, Grenoble.

GUERRIEN B. (1996), *L'Économie néoclassique*, La Découverte, col. Repères, París.

GUIBERT B. (1986), *L'ordre marchand*, Cerf, París.

HILFERDING R. (1970). *Le capital financier*, Minuit, París.

HOCHRAICH D. (2002), *Mondialisation contre développement. Le cas des pays asiatiques*, Syllepse, París.

JESSOP B. (1997), "Twenty Years of the (Parisian) Regulation Approach: The Paradox of Success and Failure at Home and Abroad", *New Political Economy*, vol. 2. n° 3, pp. 503-526.

JESSOP B. (dir.) (2001), *Regulation theory and the crisis of capita-lism*, Edward Elgar, Cheltenham, 5 volúmenes.

JUILLARD M. (1993), *Un schéma de reproduction pour l'économie des Etats-Unis: 1948-1980*, Peter Lang, París.

KONDRATIEFF N. (1992), *Les grands cycles de la conjoncture*, París.

LABROUSSE E. (dir.) (1976), *Histoire économique et sociale de la France*, vol. 2, PUF, París.

LABROUSSE A., WEISZ J. D. (dir.) (2001), *Institutional Economics in France and Germany: German Ordoliberalism versus the French Regulation School*, Springer, Berlin.

LEIBENSTEIN H. (1976), *Beyond Economic Man: a new foundation in microeconomics*, Harvard University Press, Cambridge (Mass.).

LE RIDER G. (2001), *La naissance de la monnaie*, PUF, París.

LEROY C. (2002), "Les salaires en longue période", en BOYER R. y SAILLARD Y. (dir.), pp. 114-125.

LIPIETZ A. (1979), *Crise et inflation, pourquoi?*, Maspéro-La Découverte, París.

LIPIETZ A. (1983), *Le monde enchanté: de la valeur à l'envol inflationniste*, La Découverte, París.

LIPIETZ A. (1985), *Mirages et miracles: problèmes de l'industrialisation dans le tiers monde*, La Découverte, París.

LIPIETZ A. (1998), *La société en sablier*, La Découverte, París.

LORDON F. (1996), "Formaliser la dynamique économique historique", *Economie appliquée*, tomo 49, nº 1, pp. 55-84.

LORDON F. (1997), *Les quadratures de la politique économique*, Albin Michel, París.

LORDON F. (2000), "La 'création de valeur' comme rhétorique et comme pratique. Généalogie et sociologie de la 'valeur actionna-riale'", *L'année de la régulation*, vol. 4, La Découverte, París, pp. 115-164.

LORENZI H., PASTRE O., TOLEDANO J. (1980), *La crise du XX siècle*, Economica, París.

LUCAS R. E. (1984), *Studies in business-cycle theory*, The MIT Press, Cambridge (Mass.).

LUXEMBOURG R. (1967), *L'accumulation du capital*, Minuit, París, vol. 1 y 2.

MANDEL E. (1978), *La crise: 1974-1978*, Flammarion, París.

MARX K. (1972), *Le Capital*, Les Editions sociales, París.

MATHIAS G., SALAMA P. (1983), *L'Etat sur développé*, La Découverte, París.

MENARD C. (dir.) (2000), *Institutions, contracts and organizations*, Edward Elgar, Cheltenham.

MIOTTI L., QUENAN C. (2004), "Analyse des grandes crises structurelles: le cas de l'Argentine", en NEFFA J. C., BOYER R.

MISTRAL J. (1986), "Régime international et trajectoires nationales", en BOYER R. (dir.), *Capitalismes fin de siècle*, PUF, París.

MJOSET L. (1992), *The Irish economy in a comparative institutional perspective*, National Economic and Social Council, Dublin.

NADEL H. (1983), *Marx et le salariat*, Le Sycomore, París.

NEFFA J. C., BOYER R. (dir.) (2004), *La economía argentina y su crisis (1976-2001). Visiones institucionalistas y regulacionistas*, Miño y Dávila editores, CEIL-PIETTE, Buenos Aires.

NORTH D. C. (1990), *Institutions, institutional change and economic performance*, Cambridge University Press, Cambridge.

OMINAMI C. (1986), *Le Tiers Monde dans la crise*, La Découverte, París.

ORLEAN A. (1999), *Le pouvoir de la finance*, Odile Jacob, París.

ORLEAN A. (dir.) (1994), *Analyse économique des conventions*, col. Economie, PUF, París.

PALOMBARINI S. (2001), *La rupture du compromis social italien*, CNRS Editions, París.

PETIT P. (1986), *Slow growth and the service economy*, Frances Pinter, Londres.

PETIT P. (1998), "Formes structurelles et régimes de croissance de l'après-fordisme", *L'année de la régulation*, vol. 2, La Découverte, París.

PLIHON D. (dir.) (2002), *Rentabilité et risque dans le nouveau régime de croissance,* informe del grupo del Comisariado General del Plan, La Documentation française, París.

POLANYI K. (1983), *La grande transformation*, Gallimard, París.

RAGOT X. (2000), *Division du travail, progrès technique et croissance*, tesis EHESS, París.

RAJAN R. G., ZINGALES L. (2003), *Saving Capitalism from the capitalists*, Random House, New York.

REAL B. (1990), *La puce et le chômage*, Seuil, París.

SAPIR J. (1985), *Les fluctuations économiques en URSS, 1941-1985*, Editions de l'EHESS, París.

SAPIR J. (2000), *Les trous noirs de la science économique. Essai sur l'impossibilité de penser le temps et l'argenti*, Albin Michel, París.

SIMON H. (1983), *Reason in human affairs*, Basil Blackwell, Londres.

SOROS G. (1998), *The crisis of global capitalism. Open society endangered*, Public Affairs, New York.

SPENCE M. (1973), "Job Market signaling", *The Quarterly Journal of Economics*, agosto, pp. 353-374.

STIGLITZ J. (1987), "Dependence of quality on proce", *Journal of Economic Literature*, vol. 25, pp. 1-48.

STIGLITZ J. (2002), *La grande désillusion*, Fayard, París.

STIGLITZ J. (2003), *The roaring nineties. A new history of the world's most prosperous decade*, W. W. Norton & Company, New York.

THERET B. (1992), *Régimes économiques de l'ordre politique: esquisse d'une théorie régulationniste des limites de l'Etat*, PUF, París.

THERET B. (dir.) (1994), *L'Etat, la finance et le social: souveraineté nationale et construction européenne*, La Découverte, París.

THERET B. (1999), "L'effectivité de la politique économique: de l'auto-poïèse des systèmes sociaux à la topologie du social", *L'année de la régulation* 1999, La Découverte, París, pp. 127-168.

VARIAN H. (1995), *Analyse microéconomique*, De Boeck, Bruselas.

VIDAL J. F. (2000), *Dépression et retour de la prospérité*, L'Harmattan, París.

WALLERSTEIN I. (1978), *Le système du monde du XV siècle à nos jours*, Flammarion, París.

WALLERSTEIN I. (1999), *Le capitalisme historique*, La Découverte, París.